南宁市特级教师丛书

巧解数学问题

——"三线五环"小学数学教学模式的建构与实践

QIAO JIE SHUXUE WENTI

—— "SAN XIAN WU HUAN" XIAOXUE SHUXUE

JIAOXUE MOSHI DE JIANGOU YU SHIJIAN

梁晓红　编著

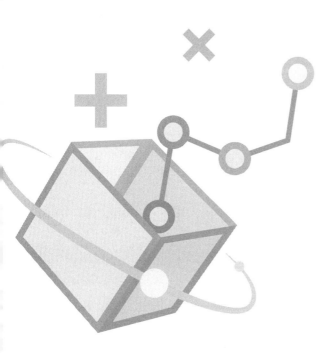

广西人民出版社

图书在版编目（CIP）数据

巧解数学问题："三线五环"小学数学教学模式的建构与实践 / 梁晓红编著 . -- 南宁：广西人民出版社，2024. 10. --（南宁市特级教师丛书）. -- ISBN 978-7-219-11795-8

Ⅰ . G623.502

中国国家版本馆 CIP 数据核字第 202403DA39 号

责任编辑　田若楠
责任校对　黄　熠
封面设计　牛广华
版式设计　陈瑜雁

出版发行　广西人民出版社
社　　址　广西南宁市桂春路 6 号
邮　　编　530021
印　　刷　广西民族印刷包装集团有限公司
开　　本　787mm×1092mm　1 / 16
印　　张　15.25
字　　数　351 千字
版　　次　2024 年 10 月　第 1 版
印　　次　2024 年 10 月　第 1 次印刷
书　　号　ISBN 978-7-219-11795-8
定　　价　60.00 元

总序

　　教育兴则国家兴，教育强则国家强。党的十九大作出了优先发展教育事业、加快教育现代化、建设教育强国的重大部署。在 2018 年 9 月 10 日召开的全国教育大会上，习近平同志以教育是国之大计、党之大计"两个大计"高度概括了教育在新时代的重要地位，强调要坚持中国特色社会主义教育发展道路，培养德智体美劳全面发展的社会主义建设者和接班人。教育是提高人民综合素质、促进人的全面发展的重要途径，是民族振兴、社会进步的重要基石，是对中华民族伟大复兴具有决定性意义的事业。习近平总书记的重要指示，为做好新时代教育工作指明了前进方向、提供了根本遵循。

　　教师乃立教之本、兴教之源。教师承担着传播知识、传播思想、传播真理的历史使命，肩负着塑造灵魂、塑造生命、塑造新人的时代重任，是教育发展的第一资源，是国家富强、民族振兴、人民幸福的重要基石。进入新时代，必须坚持把教师队伍建设作为基础工作，锻造一支高素质、专业化、创新型教师队伍，让教师队伍为全面推进中华民族伟大复兴提供有力支撑。

　　多年来，南宁市党委、政府按照自治区党委、政府的统一部署和要求，多措并举，大力推进教育现代化，大力加强教师队伍建设，扎实推进教育各项工作，使南宁市的教育质量得到明显提升，教育事业取得显著成效，教育研究和实践出现了空前活跃的局面。南宁市涌现出一批特级教师，他们立足教学实践，着眼学科发展，注重课程建设，在教育理念、教学内容和教学方法等领域进行大胆探索，积极实践，不断进取，取得了不少令人瞩目的成果。

　　在这样的背景下，出版"南宁市特级教师丛书"具有非常重要的价值与意义。该丛书及时总结了南宁市特级教师具有针对性、指导性、实用性和可操作性的教育教学经验，传递先进理念和前沿信息，除期望解决新课程改革实施以来广大教师遇到的问题和困难，满足广大教师的迫切需要外，还希冀在教育领域起到专业引领的作用，对形成浓厚的教研氛围起到促进作用。

"南宁市特级教师丛书"编委会

2023 年

自序

十年磨一剑　砺得梅花香

随着时代的进步与科技的发展，基础教育作为培养未来社会栋梁的重要根基，其改革与创新成为时代发展的重要课题。在小学数学教育领域，更有效地培养学生的问题解决能力，提高学生的数学素养，一直是教育工作者们不断追求的目标。

本书《巧解数学问题——"三线五环"小学数学教学模式的建构与实践》在广大教育工作者孜孜探寻的目光里应运而生。自 2013 年起，我便带领团队踏上了这段关于小学数学教学研究的漫长旅程，耗费十年心力摸索、探求、培育的这项教学成果荣获 2022 年南宁市教学成果一等等次、2023 年广西基础教育自治区级教学成果二等等次。

这一成果紧紧追随着当前教育改革新方向，凝聚了团队中多位一线教育工作者在教学实践中的智慧与经验。我们把打造特色、追求卓越作为这场教学创新研究的重要目标，通过深入剖析"四能"培养的内涵，建构并实践"三线五环"小学数学解决问题教学模式，以期在提高学生解决数学问题的能力的同时，促进他们数学核心素养的全面发展。"四能"即发现问题、提出问题、分析问题、解决问题的能力，这是小学数学教育中需要着重培养的能力。而"三线五环"教学模式则是团队提出的一种创新性的小学数学解决问题课堂教学结构，它结合了小学数学教学的特点与学生的认知规律，通过"三线"即"教学实施、学生活动、教学评价"协同统一的评价体系，推进"五环"即"情境创设—问题驱动—分析解决—反思总结—应用拓展"的课堂教学流程与结构，构建起一个完整而富有活力的小学数学解决问题教学体系。

全书从"理论建构""研究论文""实践案例""教学设计"四个板块全面展现了我们团队对小学数学解决问题教学独特的研究视角和研究成效。

本书注重理论与实践的有机结合，既有深入的理论分析，又有丰富的教学案例。通过探究以培养学生"四能"为目的的小学数学解决问题教学策略，建构"三线五环"小学数学解决问题教学模式，并力图揭示这一教学模式在小学数学教学中的独特价值与优势。同时，展示一系列实践案例，让读者能够更直观地感受到"三线五环"教学模式在实际教学中的运用。此外，本书还收录了多篇团队成员的教学设计，这些教学设计深刻体现了"三线五环"教学模式的精髓，无论是对于新手教师还是经验丰富的教育工作者，这些教学设计都具有很高的参考价值。本书在附录部分还提供了人教版小学数学解决问题的教材编排特点分析、"三线五环"教学设计的范例、例题解析以及教学实施评价表等丰富的资料，旨在帮助读者更好地理解和应用"三线五环"教学模式，进一步提升小学数学教学的质量和效果。

团队本着"边研究、边实践、边推广"的原则，积极开展了一系列的成果推广活动，助力城乡教育均衡。2022年，随着《义务教育数学课程标准（2022年版）》的颁布与实施，研究之路也迎来了新契机。在新课标指引下，团队将继续深入研究小学数学解决问题教学的理论与实践，不断探索新的教学方法与策略，以适应时代发展的需求和学生成长的需要。

本书的出版，既是团队十年研究的成果展示，也是我们向广大教师传递的一份心意，希望这本书，能为广大教师提供一些可借鉴的参考和经验，帮助他们更好地开展教学工作，提高教学效果。同时，也希望这本书能够激发更多教育工作者对于小学数学解决问题教学的热爱和探索精神，共同为培养具有创新精神和实践能力的新一代少年儿童贡献力量。在历时十年的研究与实践过程中，我们得到了众多专家和同行的支持与帮助，他们的宝贵意见和建议使得研究成果得以不断完善和提升，在此，我们对他们的辛勤付出表示衷心的感谢。同时，我们也期待广大读者能够提出宝贵的意见和建议，以便我们在今后的工作中不断改进和提高。

值得一提的是，提笔作序的今天，正是我到南宁师范大学报到、成为一名大学教师的特殊日子，于我个人而言，本书的完成见证着我教师历程的重大转折，陪伴我踏上大学教师的征程。作为一名任教师范院校小学教育专业的大学教师，我深知肩负着重大的责任和使命，在未来的日子里，我将带着这些宝贵的经验和成果，致力于培养未来的小学教师，为他们提供坚实的理论基础和实践经验。通过我的教学，我期望能够培养出更多优秀的小学教师，让他们在未来的教育工作中能够游刃有余，为小学教育的繁荣发展贡献自己的智慧和力量。

本书由我主笔，参与编写的还有团队成员盘梦婕、杨健珍、赖雪冰、梁娟、黎莹、曾艳、雷嘉杰、冯洁、陈幸幸，由于本人与团队学识水平有限，书中难免存在疏漏之处，敬请广大读者批评指正。

谨以此书，献给所有热爱小学数学教育的同仁们！

梁晓红

2023 年 9 月 11 日

目 录

巧解数学问题——"三线五环"小学数学教学模式的建构与实践

第一章
理论建构

《基于"四能"培养的"三线五环"小学数学解决问题教学模式的建构与实践》成果报告

一、问题的提出

《义务教育数学课程标准（2011 年版）》在课程总目标中明确提出"四能"的培养要求，即学生能体会数学知识之间、数学与其他学科之间、数学与生活之间的联系，运用数学的思维方式进行思考，增强发现和提出问题的能力、分析和解决问题的能力。这是在课标中首次明确关于解决问题全过程培养的要求。《义务教育数学课程标准（2022 年版）》（简称 2022 版课标）则在此基础上明确提出了数学核心素养具体要求，学科核心素养导向的教学目标是对"四基"①"四能"目标的继承和发展，"四基""四能"都是发展学生核心素养的有效载体。因此，在解决问题教学中，学生"四能"培养的优劣，也将成为学生数学核心素养能否得到发展的关键。

基于此，梁晓红带领工作室成员于 2013 年 8 月起开展解决问题教学研究，不断思考解决问题教学中培养学生"四能"的有效途径和效果。随着 2022 版课标的颁布，研究团队继续深入探索如何发挥"四能"的载体作用，引导学生在发现问题、提出问题的同时，会用数学的眼光观察现实世界；在分析问题的同时，会用数学的思维思考现实世界；在用数学方法解决问题时，会用数学的语言表达现实世界，实现"四能"到学科核心素养的进阶。

关于解决问题教学，虽然课标和教师教学用书都作出了要求，但是调

---

① "四基"是指获得适应未来生活和进一步发展所必需的数学基础知识、基本技能、基本思想、基本活动经验。

研中我们仍然发现普遍存在以下问题：一是对解决问题教学本质把握不清、教学线索把握不准，教学往往回到课改前"应用题"的教学套路或与"计算课"混为一谈，教师解题策略单一、思维局限，忽视对学生形成解题策略的培养。二是教学实施缺少指向学生"四能"培养的载体和路径，重结果而轻过程，忽略引导学生用数学眼光观察、数学思维分析、数学语言表达的过程，导致学生"四能"发展不协调，数学素养得不到提升。三是教学评价方式单一，以检测方式的结果性评价为主，缺少过程性评价，教、学、评三者关系不明，导致评价与教学不匹配。

二、解决问题的过程与方法

（一）解决问题的过程

2013年8月，组建了以"梁晓红特级教师工作室"核心成员为主的研究团队，开启本研究，以《小学数学解决问题教学中培养学生"四能"的实践研究》等8个相关课题为依托进行探索，历经了"探索建构—实践验证—总结推广"三个各有侧重又相互嵌入的阶段。

1. 探索建构阶段。（2013年8月—2017年8月）

初步建构基于学生"四能"培养的"三线五环"小学数学解决问题教学模式，研编了《小学数学解决问题教学实用手册》和教学评价工具。

2. 实践验证阶段。（2017年8月—2021年8月）

加强理论研究与提炼，确立教学模式，对实施路径、质量监控、实践应用等进行整体部署和安排。在南宁市东葛路小学和团队成员学校南宁市五象小学、南宁市友谊路小学等8所城镇、乡村学校进行实践。通过实践，验证和反观理论架构，使初步建构起来的"三线五环"教学模式得以不断完善。

3. 总结推广阶段。（2021年8月—2023年8月）

将成果物化，跟踪评价，深化理论，优化模式。成果在广西区内32所小学应用，并以成果推介、名师大讲堂、工作室活动等为平台辐射推广，开展了主题教研24次、展示课62节、专题讲座86场、培训教师约4万人次，通过发表论文、出版著作的形式辐射区内外，成效突出。

（二）解决问题的方法

1. 研编了《小学数学解决问题教学实用手册》（简称《手册》）和凝练了培养解题策略的"三步走"实施路径，解决教师对解决问题教学本质理解不清、策略培养缺失的问题。

《手册》解决教师对解决问题教学本质理解不清的问题。教材为学生解决问题学习提供了主题材料、基本线索和知识结构。理解教材、用好教材，无疑是培养学生"四能"和数学素养的关键。团队通过文献分析与教学实践相结合的方法，首先，对人教版小学数学解决问题板块的教学本质、编排特点进行深入研究；其次，从题目及呈现方式、考察内容、内容简析、解题策略、反思检验方法、"三线五环"教学设计等维度对每个例题进行详细梳理；最后，汇编成册（约10万字）。《手册》分析全面，思路清晰，案例丰富，贴近一线教师需求，更好帮助教师从教学表层走向本质。

《手册》凝练培养学生解题策略的基本路径，解决了教师对学生解题策略培养缺失的问题。用"三步走"总结了小学阶段解决问题常用的画图、假设、列表、操作、枚举、转化6种基本解题策略的实施路径，打破了教师教学中策略单一、思维局限的问题，同时将策略与《手册》中的所有例题（79道）建立对应关系，为教师的教学实施提供可复制、可活用的范本。

2. 探索形成"三线五环"小学数学解决问题教学模式，解决了学生"四能"发展不协调、数学素养得不到提升的问题。

形成"教—学—评"三线并行推进下的"情境创设—问题驱动—分析解决—反思总结—应用拓展"教学模式。在情境创设环节，教师创设与学生生活密切相关的现实情境，引导学生用"数学的眼光"发现和提出数学问题；问题驱动和分析解决环节以问题为任务驱动，激发学生探索欲望，调动学生已有认知和经验，引导学生在"尝试—交流—调整"中探索解决问题的多元路径和方法，学会用数学的思维思考现实世界；反思总结环节是引导学生回顾反思与总结建模，回顾解题的过程和方法，反思成功和失败，不断积累解决问题的经验，初步形成问题模型；应用拓展环节通过"举一反三、拓展应用"将知识、方法、能力综合应用到其他问题，深化

巧解数学问题——"三线五环"小学数学教学模式的建构与实践

模型，使学生最终会用数学的语言表达现实世界。"五环"教学，环环相扣，从情境到发现和提出问题，再到分析和解决问题，指向"四能"培养，指向学科核心素养发展。

3. 形成了教、学、评三线并推的"四能"培养保障机制。

研制针对教师的《"三线五环'教学实施评价表》（见表 2）和针对学生的《解决问题我最棒（学生评价表)》（见表 3）实施评价。教师的评价表根据教学实施的"五环"进行编制，从"问题情境创设、问题设计、教学组织、分析解决、反思应用、教师有效指导"等 6 个项目 21 项内容进行设计，是教师解决问题教学有效实施的向导和保障。学生评价表则从"情感态度、合作交流、学习技能、实践活动、成果展示"等 5 个项目 20 项内容进行设计，虽然两份评价量表的对象不同，但内容形成对应，如教师的评价表中问题创设要求引导学生从情境中发现数学问题，而学生评价表也要求能在情境或现实生活中提出数学问题。两份评价表内容相互关联，相互补充，目标一致，充分发挥评价的育人导向功能，实现"教"与"学"的共同发展，解决了评价与教学不匹配的问题。

三、成果的主要内容

（一）探索建构了适用于小学数学教师解决问题教学需求的"理解—实践—提升"理论架构

研究团队基于杜威的"做中学"理论和波利亚的"解题"理论，建构了适用于小学数学教师解决问题教学需求的"理解—实践—提升"三阶段理论框架。

1. 理解阶段。

虽然课标和教师教学用书都作出了要求，但一线教师在备课阶段依然出现对解决问题教学理不透、把不准的情况。由实践经验丰富的梁晓红团队研编的《手册》，可给予教师更接地气的指导和帮助，促进教师对解决问题教学本质的准确把握。

2. 实践阶段。

在课堂实施阶段，成果能帮助教师把理解转向实践行动。成果在理解题意、拟订方案、执行方案、回顾环节等方面都有具体的指导，帮助教师在课堂中实践解决问题教学，并结合"教—学—评"一致性理念和相应的评价量表，在课堂实践中培养学生"四能"，发展学生学科核心素养。

3. 提升阶段。

在课后反思阶段，教师对解决问题教学进行回顾，总结教师的教和学生的学，梳理教学的每个环节和解决问题的策略，把解决问题的教学智慧沉淀为教师专业素养，提升解决问题教学能力。

（二）建构优化教学模式，提高解决问题教学实效性

团队以日常课堂教学实践为基础，以经典课例打磨为教研特色，建构了以"教—学—评"三线并行推进下的"情境创设—问题驱动—分析解决—反思总结—应用拓展"五环节的小学数学解决问题课堂教学结构，凝练了培养学生解题策略的基本路径，帮助教师深刻把握解决问题教学本质和课堂教学线索，有效培养学生"四能"，促进学科核心素养发展。

1. "三线五环"课堂教学的实施。

"三线五环"的"三线"，是以教学实施、学生活动以及教学评价三线协同统一的评价体系，体现了"教—学—评"的一致性。"教"指向教学目标和实施，教什么、怎么教；"学"指向学生的学习活动，怎么学；"评"指向学业质量要求，以学科核心素养为导向，以具体的"四能"要求为依据，指导教与学的推进。

"三线五环"的"五环"，是"情境创设—问题驱动—分析解决—反思

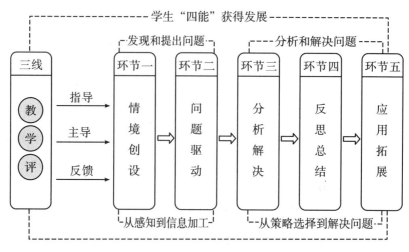

图 1   "三线五环"小学数学解决问题教学模式

总结—应用拓展"的课堂教学流程与结构。聚焦问题，创设与学生生活密切相关的现实情境；引导学生在情境中发现和提出数学问题，让学生学会用数学的眼光观察现实世界，以问题为任务驱动，激发学生探索欲望；调动学生已有认知和经验，与教师共同探索解决问题的多元路径和方法，学会用数学的思维思考现实世界；引导学生回顾反思与总结建模，不断积累解决问题的经验，掌握基本的问题模型；应用拓展，引导学生将所学的新知识、所获的新能力综合运用，迁移到其他问题的解决，学会用数学的语言表达现实世界。"五环"教学，环环相扣，从情境到发现和提出问题，再到分析和解决问题，指向了"四能"培养和学科核心素养发展。

（1）情境创设，激发学生解决问题的兴趣。

情境创设主张依据学生年龄特征的多样性，以图画、对话、图表和文字等多种形式，呈现贴近学生生活的实际问题，增强学生对数学的学习兴趣，感受数学与生活的密切联系，培养应用意识。力求通过生活化的问题情境调动学生已有经验，促使学生在情境中观察与思考，从中发现和提出问题。

（2）问题驱动，唤醒学生发现和提出问题的意识。

培养学生发现和提出问题的意识和习惯，最好的途径就是给学生创设自主发现和提出问题的机会。在创设的开放情境中，学生发现和提出的问题必然是丰富多样的。教师首先肯定学生提出的众多问题，其次根据教学内容选择一些关键问题在课堂上分析解决，其他问题则由学生在课后解决，最后教师组织学生反馈交流。通过变换情境，让学生在解决一个问题之后又发现和提出新的问题，不断唤醒学生的问题意识。如此，有利于学生发现和提出问题能力的提升。

（3）分析解决，优化学生解决问题的策略。

分析问题和解决问题的能力是"四能"的关键与核心。在"三线五环"教学中，"分析解决"环节同样是教学的关键与核心。要把握好解决问题教学的本质和价值追求，重视数量关系的分析，适时指导学生形成和优化解题的一些基本策略，增强学生分析问题和解决问题的能力。

①利用四则运算意义，帮助学生掌握基本的数量关系。

小学的一、二年级是学生学习四则运算意义的重要阶段。很多一步计算题利用四则运算意义进行解决。而一步计算题又是进一步解决较复杂问题的基础，因此，教师应重视培养学生对四则运算意义的理解，让学生掌握基本的数量关系。

②适时指导学生形成和优化解题的一些基本策略。

依据课本每道例题的承载价值，我们分析提炼了画图、假设、列表、操作、枚举、转化6种小学数学常用解题策略在例题教学中应用，找到策略与例题的关联，鼓励学生进行多角度思考，引导学生发现更多的解题策略，努力丰富自己的策略经验，从而提高分析问题和解决问题的能力。

（4）反思总结，引导学生积累解决问题的活动经验。

课本 解决问题在框图中以"阅读与理解、分析与解答、回顾与反思"三个醒目的步骤列明，以表明这三个步骤的重要性。从前期的调查分析中可知，教师和学生对解题步骤的重视程度不高，特别是"回顾与反思"这一有利于培养学生评价与反思意识的重要步骤容易被忽视。由此，完善教学中的解题步骤显得尤为重要。在"三线五环"教学中，"反思总结"是其中重要一环，关注学习方法的获得与活动经验的积累，在本环节中强调以下两方面。

一是回顾反思。使学生掌握检验的方法，初步形成评价和反思意识。它不仅要求学生去检验结果的对错，更重要的意义在于引导学生经历完整的解决问题过程。回顾反思主要有以下方法：从结果倒推进行检验，运用估测、估算进行检验，运用列表进行检验，运用画图进行检验，开放式的回顾反思。

二是总结建模。解决问题的过程就是建构数学模型的过程，它可以使学生更清晰地理解问题中的数量关系，更好地掌握结构特征，更有效发展学生的抽象概括能力，逐步提高学生运用数学模型解决实际问题的能力。在总结建模中，关注学生亲历"数量关系—构建模型—应用模型"的过程。

（5）应用拓展，提升学生解决问题的能力。

学生思维和能力的差异化是客观存在的，为满足不同层次学生的发展，此环节，我们主张教师精心设计"变式题"和"提升题"，帮助学生形成"运用经验—发散思维—内化提升"的再学习过程。同时，还促使学生将所学知识拓展延伸到课外，通过实践作业、项目作业实现跨学科学

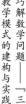

巧解数学问题——"三线五环"小学数学教学模式的建构与实践

习，内化和提升所学知识，灵活运用所学知识解决问题，让"四能"培养落地生根。

2. 凝练了培养学生形成基本解题策略"三步走"的实施路径。

解题策略是在数学思想支持下的解题思路、方式和方法。解题策略的学习是一个长期积累与总结的过程。教师在教学中指导学生形成和优化基本解题策略，以解决师生思维局限、解题策略缺失的问题。小学数学中基本解题策略有画图策略（示意图、线段图、集合图等）、假设策略、列表策略、操作（实验）策略、枚举策略、转化策略等。团队在研究中凝练了培养学生形成基本解题策略"三步走"的实施路径（见图2）。

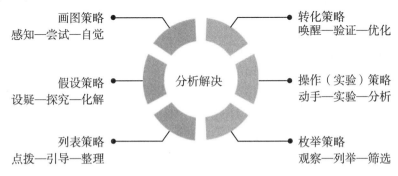

画图策略
感知—尝试—自觉

转化策略
唤醒—验证—优化

假设策略
设疑—探究—化解

分析解决

操作（实验）策略
动手—实验—分析

列表策略
点拨—引导—整理

枚举策略
观察—列举—筛选

图2　培养基本解题策略"三步走"的实施路径

例：感知—尝试—自觉，循序渐进培养画图策略。

通过画图可以把复杂的数学问题变得简明、形象，有助于探索解决问题的思路。画图策略的培养，应根据学生的年龄特点和心理特征，关注低年级的初步感知，中年级的自我尝试，高年级的自觉意识。在低年级的教学中，应充分利用教材提供的情境，有机渗透直观图、示意图、色条图，高频率应用画图解决问题。到了中年级，要结合具体的问题情境，逐步认识线段图，实现从色条图向线段图的抽象过渡，培养学生自觉画图解题的意识和掌握画图技能。高年级，题目中的数量关系更为复杂了，这一阶段多让学生体验画线段图的不同方法以及画线段图在解决问题中的价值，感悟到画线段图能使隐藏的数量关系显性化，能清晰地表示数量间的对应关系，找到解决问题的最佳路径。

3. 研发了学生"四能"培养的保障机制。

学生学科核心素养的形成需要"脚手架"。研究团队从内容本质、教材特点、教学设计等维度对人教版解决问题板块进行系统整理，研编了《小学数学解决问题教学实用手册》及"三线五环"教学评价工具，保障教学实施中学生"四能"的培养。

（1）研编了《小学数学解决问题教学实用手册》，可为广大小学数学教育工作者提供有益的借鉴和参考。

《手册》分析全面，思路清晰，以案例的形式呈现，贴近一线教师需求（见图3），更好帮助教师对解决问题教学从表层走向本质，具有较高的实用价值和推广意义。

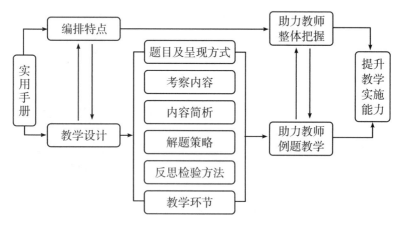

图3 《小学数学解决问题教学实用手册》结构图

以下呈现《手册》中的解决问题例题（见表1）。

表1 人教版《数学四年级下册》解决问题例题 "三线五环"教学设计

人教版《数学四年级下册》解决问题例题 "三线五环"教学设计						
序号	册数页码	四年级下册第10页	所属单元	一、四则运算	所属领域	数与代数
1	例题及呈现方式	例题：我们一共有32人，大船限乘6人，小船限乘4人，大船30元，小船24元，怎样租船最省钱？ 呈现方式：图文结合				
	考察内容	通过解决租船问题渗透优化的数学思想				
	策略	列举（列出多种可能，选择最优方案）				
	反思检验方法	反思总结此类问题的策略和方法				

续表

人教版《数学四年级下册》解决问题例题"三线五环"教学设计

1	内容分析	本题以现实生活中的租船问题为素材，通过列举的策略解决租船问题，渗透优化的数学思想。教材提供了现实素材，让学生通过阅读，全面理解图文的意思，从而发现问题、提出问题，为分析解决问题奠定基础。分析解答这一环节中，先分析租哪种船便宜，寻找解决问题的方法。由生活经验可得知，租单个位置会比较省钱，接着由"如果不空位置，会不会更省钱？"引导学生进一步探索，调整租船方案，引导学生学会全面分析问题，积累解决实际问题的经验。通过用列举的解题策略，把各种方案都列举出来，比较哪个方案更省钱，从而选择最优方案。在分析过程中，慢慢向学生渗透优化的数学思想。最后，在回顾与反思中，引导总结反思解决此类问题，可以使用列举的策略，把每种可能都列举出来进行比较，选择最优方案，达到优化目的。

主要教学环节

教	学	评
（一）情境创设 播放《让我们荡起双桨》的前奏音乐，引出租船话题。 **（二）问题驱动** 阅读与理解。在情境图中你知道了哪些数学信息？你能根据这些数学信息提出关于租船的问题吗？ **（三）分析解答** 1. 分析问题：大家很有数学意识，提出的问题都很有价值、很有深度，很多同学都想知道怎样租船最省钱。可以从哪些方面考虑呢？跟你的同桌说一说。 2. 解答问题：教师指导学生合作学习，巡堂听取学生想法。 3. 汇报交流：组织学生分小组进行交流反馈，并将学生汇报结果进行汇总反馈。	**（一）情境创设** 聆听音乐，明晰情境需租船出游。 **（二）问题驱动** 观察情境图，汇报数学信息，在租船出游的问题驱动下，提出跟租船有关的数学问题。（价值问题：怎样租船最省钱？） **（三）分析解答** 1. 学生同桌交流，互说想法。 2. 学生合作探究，解决问题，在学习单上将小组讨论结果记录下来。 3. 学生分小组进行汇报。 方案1：都租小船，32÷4=8（条）　8×24=192（元） 方案2：都租大船：32÷6=5（条）……2（人）　5+1=6（条）6×30=180（元） 方案3：都租大船，多出来的2人租1条小船：32÷6=5（条）……2（人）　5×30+24=174（元）	**（一）情境创设** 能认真倾听，主动参与。 **（二）问题驱动** 主动参与，能在情境中提出数学问题。 **（三）分析解答** 1. 主动参与交流，积极发表个人观点，敢于提出与他人不同的见解。 2. 能进行合作前分工及工具准备，能用假设、转化、枚举等方法帮助自己解决问题，并整理出探究结果。 3. 能自信、大方展示，表达完整，逻辑清晰。

第一章　理论建构

11

续表

人教版《数学四年级下册》解决问题例题"三线五环"教学设计			
1	引导比较：这3种方案，哪种更省钱？方案3是最省钱的吗？ 4.深入研究：师指导小组合作，再调整试试。 （四）反思总结 大家回顾一下，我们刚才是怎么解决这个问题的？是不是所有类似的问题都需要全部列举？引导学生进行方法的优化。 （五）应用拓展 组织学生开展基础题、变式题和提升题的梯度练习。	学生思考：有空位，空位会浪费钱。 4.调整优化。方案4：大船和小船的租金不一样，坐的人数不一样，每个人需要的钱也不一样，大船30÷6=5元，小船24÷4=6元，大船便宜，可多租大船。 租大船：32÷6=5（条）……2（人）多出来的2人，和1条大船上的6人，租2条小船，刚好能够坐满，不留空位。所以租4条大船2条小船。4条大船：30×4=120（元） 2条小船：24×2=48(元) 120+48=168（元） （四）反思总结 学生回顾解答过程，形成策略：先选择单价便宜的船，尽量不留空位。 （五）应用拓展 生自主完成、汇报交流、反思提升。	4.敢于公平公正的给予其他小组评价，修正个人观点和看法，优化解题策略。 （四）反思总结 能用"说数学"方式对知识与方法进行回顾与整理。 （五）应用拓展 会把学到的知识和解决问题的方法运用到解决生活中的问题。

（2）研制小学数学解决问题师生评价量表，实现"教—学—评"一致性。

"教—学—评"一致性的重点在于整体协同性，即将教师的教、学生的学、教学评价集为一体的协同过程。如表2和表3融合了"四能"和核心素养的主要表现，采用多元的评价主体和多样的评价方式。表2关注课堂五环节问题提出与设计、解决问题的策略与方法、反思总结、情感态度价值观，是教师解决问题教学有效实施的向导和保障。表3突出学生解决问题全过程经验的积累，关注问题提出、解决问题策略的多样性及学生协作、反思总结、情感态度价值观等，突出了"四能"的全面培养。通过评价，不仅引导教师"教"的行为，而且鼓励了学生对学习过程与结果的自我监控，实现"教"与"学"的共同发展。

表 2 "三线五环"教学实施评价表

授课教师		授课时间		授课课题		
评价项目	**具体内容**				赋分	得分
问题情境创设	①激发学生参与学习的积极性				15%	
	②关注不同学生的学习基础					
	③符合学生的生活及学习经验					
	④引发学生从情境中发现数学问题					
问题设计	①问题指向教学目标				15%	
	②问题能引发学生思考					
	③问题设计逻辑性强，具有层次性					
教学组织	①关注不同学习基础的学生，做到全员参与				20%	
	②组织和调控好课堂学习秩序，学生注意力集中					
	③探究学习、自主学习不流于形式					
	④组织学生有效提问，学生能发表自己的见解					
分析解决	①引导学生运用已有的知识和方法对问题进行探索				15%	
	②引导学生通过画图、列表、操作、假设、转化、枚举等策略对问题进行分析解答					
	③引导学生把分析解决问题的过程说清楚					
反思应用	①组织学生开展形式多样的交流、评价活动				15%	
	②对学生活动的评价中肯、恰当					
	③提供实践应用的机会					
教师有效指导	①教学目标、重点、难点把握准确，处理恰当				20%	
	②教学素材选择恰当、内容适当，体现五环节教学					
	③在学生困难处，做到适时帮助					
	④引发学生感受数学与生活及其他学科间的联系					

表 3　解决问题我最棒（学生评价表）

评价项目	**具体内容**	评价最高等级 ★★★★★			
		自评	小组评	师评	综合评价
情感态度	①乐于参与实践活动				
	②解决问题时，有克服困难的信心				
	③实事求是，尊重科学				

评价项目	具体内容	评价最高等级 ★ ★ ★ ★ ★			
		自评	小组评	师评	综合评价
合作交流	①主动参与讨论				
	②认真倾听同学的观点和意见				
	③敢于提出与他人不同的见解				
	④敢于放弃和修正自己的错误观点				
学习技能	①能在情境或现实生活中提出数学问题				
	②会用画图、列表、操作、假设、转化、枚举等方法帮助自己解决问题				
	③能把自己解决问题的思路讲清楚，让别人听明白				
	④能通过"数学画、思维导图、小日记、说数学"等方式对知识与方法进行回顾与整理				
	⑤会把学到的知识和解决问题的方法运用到解决生活中的问题				
实践活动	①做好活动前工具、任务分配等准备				
	②数据真实，过程记录清楚				
	③活动中互帮互助				
	④资料整理有序规范				
成果展示	①能通过合作整理出实践成果				
	②能自信、大方展示，表达清晰完整				
	③能反思总结实践的收获				
	④能公平公正的给予其他小组评价				

4. 创新实施了"点—线—面"三联动的成果推广路径。

团队核心成员为领头雁，制定主题，拟订计划，设计方案，以课例研究和课题研究为主线，引领带动整个团队抱团发展。工作室成员发挥资源优势，通过工作室组织和运行，辐射影响到本校和本区域教师，形成三级联动，扩大成果影响力和应用范围。形成了以 10 名核心成员为辐射点、以 50 名工作室成员为连接线、以成员所在区域为拓展面的"点—线—面"三联动成果辐射推广路径，使个人主观能动性与群体智慧融为一体，引领区域小学数学教学改革与发展，助力广西城乡教育优质均衡发展。

四、效果与反思

(一) 实践效果

1. 丰实理论和实践体系，为一线教师提供操作方向。

10年的持续研究，团队建构了"三线五环"小学数学解决问题教学模式，丰富了该教学领域的理论和实践体系。破解了一线教师对解决问题教学本质理解不清、线索把握不准、策略实施不当、"四能"培养不协调等关键性问题，有效促进教师对解决问题教学本质的理解和实施能力。

2. 促进学生"四能"发展，培养学科核心素养。

实践和应用到位的学生，学习兴趣得到提高，问题意识得到激发，"四能"得到全面培养和增强。课堂上表现出会观察、会思考、会提问题、会分析解决问题的良好学习状态。学生解决问题过程的表述与多元表征，规范的解决问题书写格式，丰富多彩的"数学漫画""手抄报""方案制定"等实践作品，都体现了学生的"四能"在润物细无声中得到了发展。

3. 形成团队教研特色，提升教师专业素养。

在研究中，个人主观能动性与群体智慧融为一体，整个团队充满了生机与活力，构建起团队教研特色。2019年，工作室以出色的表现获评市级"优秀"等级。教师个人的教科研能力得到提高，团队课堂教学和课题研究都呈现出了认真严谨、精益求精、百花齐放的局面。以10名核心成员（成果持有者）研究期间的数据统计为例，成果带动了8个相关课题的成长；出版教育教学著作2部、发表和获奖的论文26篇；在各级课堂教学或技能比赛中获奖48人次；承担专题讲座、公开课等交流活动136场次。教师科研水平的显著提高带来了综合能力的提升：主持人梁晓红获首批中小学正高级教师职称，荣获全国模范教师、广西教学名师、南宁市专业技术拔尖人才等殊荣；盘梦婕被评为南宁市五一巾帼标兵；杨健珍、梁娟、赖雪冰、盘梦婕、曾艳获南宁市学科带头人称号；6人次获南宁市优秀教师（优秀教育工作者），12人次获城区优秀教师，8人次获城区政府嘉奖。

4. 促进小学数学教学改革与发展，获广泛认可。

团队本着"边研究、边实践、边推广"的原则，开展了成果推介、教学展示、主题教研等一系列的校内外推广活动，助力城乡教育均衡。团队在 32 所城镇、乡村小学应用推广该成果，开展了主题教研 24 次、展示课 62 节、专题讲座 86 场，培训教师约 4 万人次；同时，先后在南宁市名师大讲堂线上线下活动、南宁市基础教育教学成果展示活动等，面向区内外进行推广。广西广播电视台、《南宁日报》、人民网等多家媒体对成果进行报道共 16 次，获广泛认可和赞誉。

（二）反思改进

当"三线五环"教学实践层面的研究快速向前推进并逐步深化时，一些深层次的问题又摆在了我们面前：2022 版课标明确了数学课程的总目标，即以"三会"（会用数学的眼光观察现实世界、会用数学的思维思考现实世界、会用数学的语言表达现实世界）为统领，强调获得"四基"，发展"四能"，形成核心素养。那么，我们研究中关于"四能"的培养，与"三会"是怎样的关系？分析思考中我们领悟到："四能"与"三会"是相融合的，"三会"统领的课程目标是"四能"目标的继承、深化和发展，"四能"是发展学生学科核心素养重要的、有效的载体。如：发现和提出问题能力的培养，就是培养学生"会用数学的眼光观察现实世界"；分析和解决问题能力的培养，实质上培养了学生"会用数学的思维思考现实世界"和"会用数学的语言表达现实世界"。我们提出的"三线五环"，"教—学—评"这三线，与 2022 版课标"教—学—评"一致性的理念是相吻合的，这让我们更有信心在解决问题教学上继续深耕细作。下一步，我们将以更严谨的学术态度进一步思考和研究，如何把解决问题教学中的"四能"培养置于一个更为宏大的视野和背景中，从而更突显它的教学特质、更利于学生学科核心素养的发展，实现小学数学解决问题教学在 2022 版课标理念下的"美丽的转身"。

图 3　广西基础教育自治区级
教学成果等次证书

第二章

研究论文

借助"五环"教学模式 培养学生核心素养

南宁市新兴民族学校 李继萍

【摘　要】《义务教育数学课程标准（2022年版）》中明确提出数学课程要培养学生的核心素养：1.会用数学的眼光观察现实世界。2.会用数学的思维思考现实世界，能运用一些数学方法分析、解决问题。3.会用数学的语言表达现实世界，能够构建普适的数学模型，表达和解决问题。解决问题类课型编排在四大领域内容的学习中，承载着培养学生"四能"、发展核心素养的重要价值。本文主要阐述"五环"教学模式在解决问题教学中的应用。这"五环"环环相扣，从情境到发现和提出问题，再到分析和解决问题，帮助学生形成初步的推理意识、模型意识、应用意识，有效培养学生的学科核心素养。

【关键词】"五环"教学模式　解决问题　学科核心素养

　　小学生的数学核心素养须在数学各个领域的学习过程中循序渐进的培养。解决问题类课型编排在四大领域内容的学习中，承载着培养学生"四能"、发展核心素养的重要价值。"五环"教学模式的推进，更好地服务于解决问题的教与学，从而助力学生核心素养的培养。所谓"五环"指的是解决问题教学的"情境创设—问题驱动—分析解决—反思总结—应用拓展"的课堂教学流程与结构。本文围绕"五环"教学，理论联系实际，阐述如何培养学生的学科核心素养。

一、学会用数学的眼光观察现实世界

（一）创设情境，唤醒求知欲

课堂导入的成功与否，关乎整节课的教学效果的好坏，一段独具匠心的导入设计，能激发学生的学习兴趣，能对学生的学习起到导向作用。因此，以有效的情境创设导入课堂，是一堂好课的开始，如通过视频、人物对话、图片等，让学生在真实的情境中感受数学与生活息息相关，从而培养学生用数学的眼光去观察世界。

（二）问题驱动，引导独立思考

要让学生用数学的眼光去观察世界，就得借助"问题"来实现。问题驱动，旨在让学生从"要我学"转变为"我要学"，因此这个环节必须以学生为主。学生要想解决问题，首先要发现问题、提出问题。那么这些问题源自哪里，又该如何提出呢？

1.借助情境，梳理关系，厘清题意。

在解决问题中，学生首先要借助已有的情境，收集整理题目中的已知信息，在脑海中留下初步的印象。然后学生思考后筛选，哪些信息是属于"条件信息"，哪些是"问题信息"。这就是低年级解决问题中的"你知道了什么？"，也是高年级解决问题中的"阅读与理解"，这一步为发现问题、提出问题做了充足的准备。例如，六年级上册百分数的解决问题：某种商品4月份的价格比3月份降了20%，5月份的价格比4月份又涨了20%。5月份的价格和3月份相比是涨了还是降了？变化幅度是多少？看似简单，但要让所有学生都能厘清它们之间的关系并不容易。教师此时要引导学生画一画、圈一圈，两两比较谁是"单位1"。只有这样，带着问题，用数学的眼光去观察，才能把有效的信息整理出来。

2.借助情境，发现问题，提出问题。

在课本的编排中，已知信息和问题都已经呈现在学生面前，这不利于培养学生发现问题和提出问题的能力。"五环"教学模式中的第一环，情境创设，也为学生发现问题、提出问题搭建了一个很好的平台。老师在上课的时候，可以根据自己的教学设计，让"信息"和"问题"逐步出现。在看到一个个"信息"时，学生会读取信息，经过思考，发现问题，猜测问题，随着一个个"条件"增多，最后提出要求的问题。这种方式不再把学生的思维都局限在一个范围，而是让思维碰撞，产生问题、提出问题。例如：在三年级下册小数加减法的解决问题中，老师先创设学生逛超市的情境，画面定格在例题中的一些商品价格。学生看到这些信息，调动已有的知识经验，一连串的问题在脑海中萦绕。想：买一支铅笔和一盒彩笔一共要多少钱？一个铅笔盒比一本笔记本贵多少钱？……学生畅所欲言后，老师选择适合的、符合学生认知水平的一两个问题去解决。

以问题为驱动的教学方式，激发学生探索的欲望，培养学生发现问题、提出问题的能力。

二、学会用数学的思维思考现实世界

提高学生分析和解决问题的能力，可以使学生获得长足的进步。对于小学生来说，注重数量关系的分析有助于培养他们分析问题的能力；利用培养解决问题的多元路径，形成解决问题的不同策略，有助于他们学会用数学的思维思考现实世界。

（一）整合数量关系，提高分析问题的能力

小学阶段的解决问题教学中，数量关系是核心问题。学生只有理解掌握基本的数量关系，才能应对千变万化的题目。比如：速度 × 时间 = 路程这个基本的数量关系，贯穿在整个小学学习过程中。三、四年级的学习为基础，是简单应用。五、六年级的学习在原有基础上变式、提升、拓展。例如：相遇问题，追击问题。

除此之外，还有单价 × 数量 = 总价，工作效率 × 工作时间 = 工作总量……这些数量关系也被广泛应用。在分析问题时，老师往往会引导学生用"先由……得到……，再由……得到……"这样的思考模式来分析题意。由此可见，归纳整理数量关系，相当于掌握了解决这类型问题的脉络，是提高学生分析问题的有效途径，这个过程培养了学生的推理意识、模型意识、应用意识。

（二）整合策略，提高解决问题的能力

分析问题之后的重点在于解决问题，通过多元的途径、多样的方法的实践与应用，帮助学生形成基本的解题策略，其中以下两种策略使用频率最高。

1. 画图策略。

画图策略的本质就是几何直观，把抽象的概念形象化、直观化，把复杂的概念简单化、明了化，帮助学生理解思路，找到解题方法。它是小学阶段解决问题最重要的策略，也是最受欢迎的一种方法。一、二年级重在通过直观的实物图表征数量关系，从三年级起，老师就要培养学生利用线段图来表示数量关系，借助图示理解各部分之间的关系，帮助理解和解决问题。在教学中，要让学生感受线段图的作用，进一步培养学生主动画线段图的能力，建立画图解题的学习模型。

2. 假设策略。

假设的方法，在解决问题中经常用到，尤其是在数量关系不明确时，采用假设的方法，能把隐藏的数量关系变得更加明确，帮助学生理解题意，从而解决问题。小学阶段，常用于鸡兔同笼问题、工程问题等。《数学六年级上册》中有如下题目：一条道路，如果甲队单独修，12天能修完；如果乙队单独修，18天能修完。如果两队合修，多少天能修完？

学生看到题目后，立刻会想到"工作效率 × 工作时间 = 工作总量"这个数量关系，想借助它来解决问题。然而，在接下来的分析问题时，学生很快就发现题目中缺少了工作总量这个条件。放弃，还是知难而上？大胆的学生提出可以用假设的方法。学生通过已知条件，知道了甲队和乙队修的是同一条路，所以他们的工作总量是一样的，因此假设了一条路长36千米，再通过已有的知识经验解决了问题。学生质疑，只能假设36这个数吗？假设的这个数有什么特点？学生先假设了一个具体的量来解决问题，老师再引导学生假设用抽象的"1"表示工作总量，结合线段图辅助理解关系，同样也可以解决问题，两者的结果完全一样。

通过这个策略的学习，学生以后的数学学习奠定了坚实的基础。

三、学会用数学的语言表达现实世界

（一）回顾与反思，总结建模

"回头看"对于一项工作来说，就是对前一段工作的小结和反思，找出不足和问题。在解决问题教学中，我们也要引导学生"回头看"，这是一种良好的学习习惯，这种好习惯也会伴随一个人的终身。这里的"回头看"就是我们"五环"模式中的反思总结。对于不同的题型，可以选择不同的反思方法，各种方法都在潜意识中培养了学生的模型意识、创新意识。

1.倒推法验证结果。

倒推法可用来验证结果是否正确，是学生最喜欢用的一种方法。例如《数学三年级下册》关于面积的问题：一间客厅的地面是长方形，长6米，宽3米。用边长3分米的正方形地砖铺满这间客厅的地面，一共要用多少块地砖？

分析解答后的结果是需要200块地砖，学生进行回顾与反思，将计算结果带回到原来的题目中，用逆向思维还原题目，看看结果是否符合题意：需要200块地砖，每块的面积是9平方分米，$200 \times 9 = 1800$平方分米，1800平方分米=18平方米，原题目中地面的长是6米，宽是3米，那么面积就是18平方米，说明解题结果符合题意，完全正确。

2.列表法验证结果。

有关分段计费的解决问题，题目如下：李叔叔乘坐出租车行驶了6.3千米，他应付出租车费多少钱？〔计价标准：3千米及以内7元；超过3千米的部分，每千米1.5元（不足1千米，按1千米计算）〕

学生经历解答过程后，要回头看是否正确，引导学生用列表的方式进行验证，如下。

行驶里程/千米	1	2	3	4	5	6	7	8	9	10
出租车费/元										

"回顾与反思"这个环节是解决问题教学中不容忽视的环节，它是学生对经历过的学习活动进行再认识、再思考，使认识由"经历"走向"经验"的过程。经历这个过程的同时，学生的推理意识、应用意识等核心素养得到了培养。

（二）应用拓展，迁移能力

由于学生的思维和能力存在一定的个体差异，因此在解决问题教学的最后一个环节，往往需要设计不同层次的题目来辅助学生巩固所学新知识和提升。这些题目包含"变式题""延伸题"等，学生先借助已有的知识经验巩固应用，接着提高层次，学生要发散思维，应对变化多端的"变式

巧解数学问题——教学模式的建构与实践 〔三线五环〕小学数学

题"型，内化新知。面对有能力的学生，题目可增加难度，拓展延伸，完成综合实践练习。在落实"双减"政策的同时，学生也提升了应用意识和实践能力，形成数学的表达和交流能力。

"五环"的教学模式被广泛应用于解决问题教学中，一堂课中创设相关的情境，收集提取信息，引导学生发现问题、提出问题，学生学会了用数学的眼光观察现实世界。以问题为驱动，学生的学习欲望被激发了出来，通过动手动脑、分析问题、解决问题，学生学会了用数学的思维思考现实世界。在回顾和反思环节，学生从认知到再认知、再思考、发散思维，建立起基本答题模型。通过应用拓展，学生把所学的知识转换成了一种新的能力，学会了用数学的语言表达现实世界。

参考文献

［1］中华人民共和国教育部.义务教育数学课程标准（2022年版）［S］.北京：北京师范大学出版社，2022.

［2］梁晓红.涓涓成流——我的专业成长思与行［M］.南宁：广西人民出版社，2019.

小学数学解决问题教学中渗透数学思想方法的有效途径

南宁市友谊路小学　赖雪冰

【摘　要】数学思想是解决问题的心脏，数学方法是解决问题的翅膀，在解决问题过程中，注重数学思想方法的渗透，对解决问题课堂教学的内涵发展、品质提升有着重要的作用。本文以解决问题课例内容为载体，探究在解决问题教学中数学思想方法的挖掘和应用，帮助提高教师的学科素养，提升学生的思维品质及解决问题的能力。

【关键词】解决问题教学　数学思想方法　有效途径

2022 版课标在课程目标中提出"运用数学和其他学科的知识与方法分析问题和解决问题"。然而，由于当前"让学生获得基本的数学思想方法"的目标在教学中并未得到应有的落实，如何把抽象的数学思想方法更好地渗透在解决问题教学中，让学生深刻体验到数学思想方法的价值呢？下面本人谈谈自己的几点体会。

一、在研读课本上下功夫，挖掘蕴含数学思想方法

教师们在教学能力上存在着差异，尤其是年轻教师，他们对课本的理解和课程标准的解读都存在着差异，使得他们在教学中所传授的知识和技能也存在着差距。为了提升学生的学习效果，教师必须精确理解教材，熟悉课程标准，以便更加科学、合理地指导学生学习知识和技能。

在《义务教育教科书数学教师教学用书》（数学一至六年级）中，每个单元的"教学说明和教学建议"中的"内容安排及其特点"及"教学建议"版块，都会对整个单元的知识点进行分析指导，当中也会对例题或者习题蕴含的"数学思想方法"进行描述，但很多时候除了显性的数学思想方法，还有很多隐性的数学思想方法等待我们挖掘，我们不妨从下面两个例题看一看。

（一）四年级下册第五单元例7

该例题通过"把四边形的4个角减下来，拼成一个周角"的实际操作，解决图形内角和的问题，即四边形的内角和是多少度。运用其所蕴含的几何变换思想求得四边形的内角和，体会几何变换的思想方法。

（二）二年级上册第四单元例7

该例题是借助画图理解题意，加深学生对乘法模型和加法模型的认识：（1）设置4排椅子，每排5张，总共需要几张椅子？（2）设置2排椅子，其中一排5张，另一排4张，总共需要几张椅子？当我们尝试使用乘法或加法来求解某个问题时，我们可以使用画图来更好地了解它们的差异，体会数形结合的思想方法。

二、在教学设计上下功夫，有效渗透数学思想方法

解决问题版块编排的一大特点，就是由固定的三大步骤（阅读与理解—分析与解答—回顾与反思）来展开教学。本人在和一线教师做教学设计或研课时，教师们都觉得这样的课型没什么创新可言，更难挖掘亮点，因此在课例研讨、公开课、展示课或赛课中，教师们对解决问题版块内容都望而却步。把课上得精彩固然重要，但上得扎实才是关键。在解决问题教学中，我们可以在解决问题策略上下功夫，并把蕴含的数学思想方法渗透其中，把课上出品质和内涵。

我们课题组在进行解决问题教学的研究中，探索出了"三线五环"的教学模式。其中，"三线"是指以教学实施、学生活动以及教学评价三线协同统一的评价体系；"五环"是指"情境创设—问题驱动—分析解决—反思总结—应用拓展"的课堂教学流程与结构。"三线"体现了"教—学—评"的一致性；"五环"教学，环环相扣，从情境到发现和提出问题，

再到分析和解决问题，指向了"四能"培养和学科核心素养发展。一起来看看我们是如何在课堂上落实的。

（一）一年级下册第二单元例6

在《数学一年级下册》第二单元"求一个数比另个数多几（少几）"的教学中，该课例渗透了数形结合、一一对应、转换等多种思想方法，以下是我们在"分析解决"和"反思总结"环节进行的教学设计。

1. 合作探究，解决问题。

（1）学生4人小组合作探究。

（2）汇报交流，授课助手投屏，选取算一算、画一画的方法。（利用一一对应和数形结合的方法，加深认知。）

$12 - 7 = 5$（个）

2. 反思验证。

3. 挑战学习：小雪比小华少套中了几个？

（1）提问：怎样解答？

（2）借助图表，知识小结。

我们可以让小雪和小华进行比较，以确定小雪多套几个，并使用12-7=5的公式进行计算。（把新问题转化成旧问题，渗透转化思想。）

4. 通过减法，可以计算出某个数字得多少，从而得出它的值。

（二）一年级下册第七单元例5

在《数学一年级下册》第七单元"找规律解决问题"的教学中，课本创设了小红发现自己的一串手链上有2颗珠子掉了的情景，需要同学们在探究实践中发现并解决"掉的是哪2颗"的问题，在"问题驱动""分析解决"和"反思总结"环节可以进行如下设计：

1. 同桌讨论：说珠子。

讨论内容：掉的是哪2颗珠子？你是怎么想的？

2. 猜想答案：猜珠子。（根据规律特点，渗透归纳推理思想）

预设：掉的是1颗黄珠子，1颗蓝珠子。

3. 动手实践：补珠子。

（1）如何验证猜想？（动手实践）

（2）梳理操作要求。

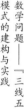

①圈一圈：先确定从哪边观察，再按规律圈出一组。

②补一补：补几颗珠子呢？（2颗）

③写一写：把所掉珠子的数量写在方框里。

（3）动手验证猜想。

①学习工具：平板、电子书包。（如教学条件不允许，可以使用学习单、学具或者多媒体一体机实现操作学习）

②操作方式：在平板上拖拽珠子，填写答案，点击提交，后台统计数据。

③操作时间：2分钟。

4.汇报交流。

（1）学生汇报。（渗透模型思想，架构规律模型）

预设1：掉的是1颗黄珠子、1颗蓝珠子，因为从左边看珠子是按黄黄蓝3颗为一组的规律重复排列的。

预设2：掉的是1颗蓝珠子、1颗黄珠子。因为从右边看珠子是按黄蓝黄3颗为一组的规律重复排列的。

（2）知识小结。

从不同的方向观察，会有不同的规律。虽然规律不一样，但答案却是相同的，都是掉了1颗黄珠子、1颗蓝珠子。

三、在落实"四能"上下功夫，融会贯通数学思想方法

2022版课标课程目标第2点提出：通过义务教育阶段的数学学习，学生能体会数学知识之间、数学与其他学科之间、数学与生活之间的联系，在探索真实情境所蕴含的关系中，发现和提出问题，运用数学和其他学科的知识与方法分析和解决问题。从"四能"的要求来看，学生从"发现问题"到"提出问题"，再到"分析问题"，最后解决问题的过程，是一个非常复杂的思维活动，需要经历一个从感知到信息加工，再到策略选择、解决问题的过程。这样的思维过程，并非通过一两节课就能培养，需要一个较长期的、循序渐进的实践与体验才能达到。与之相似的是，数学思想方法也是一种隐性的方法，而非显性，且不是在一两节课就能够落地和扎根的，需要教师在平时的课堂教学中潜移默化地渗透和日积月累地夯实。我

们有底气相信，在数学思想方法助力下的"四能"培养，一定能帮助学生提升学科素养和发展数学思维品质。

在"四能"的落实上有效渗透数学思想方法，抓住"五环"教学的核心尤为重要。创设与学生生活密切相关的现实情境，引导学生在情境中发现和提出数学问题，让学生学会用数学的眼光观察现实世界；以问题为任务驱动，调动学生已有认知和经验，与教师共同探索解决问题的方法，学会用数学的思维思考现实世界；回顾反思与总结建模，引导学生不断积累解决问题的经验，将所学的新知识、所获的新能力进行应用拓展，迁移到其他问题的解决，学会用数学的语言表达现实世界。让数学思想方法在学生核心素养培养的过程中融会贯通。

通过以上的论述，要把数学思想方法有效渗透于课堂，还需要广大一线教师不断地研读教材并扎根课堂，在教材上不断地挖掘和在课例中不竭地探索，把教材吃透，把课例研透，把知识学透。

参考文献

[1] 中华人民共和国教育部 . 义务教育数学课程标准（2022年版）[S].北京：北京师范大学出版社，2022.

[2] 人民教育出版社 . 义务教育教科书教师教学用书（数学一至六年级）[M].北京：人民教育出版社，2022.

[3] 梁晓红 . 涓涓成流——我的专业成长思与行 [M].南宁：广西人民出版社，2019.

[4] 王永春 . 小学数学与数学思想方法（第二版）[M].上海：华东师范大学出版社，2022.

一年级学生解决问题的障碍及对策

南宁市云景路小学　郭银建

【摘　要】一年级的解决问题教学，问题以图文并茂的情境图为主要呈现方式，仅涉及加法和减法。此类问题看起来简单，但学生在练习中出错却不少。为提高一年级解决问题教学的效果，笔者进行了一年级解决问题教学障碍及有效对策的探究。

【关键词】解决问题　障碍　对策　一年级

一年级解决问题教学，问题的呈现方式以图文并茂的情境图为主，大多数是图画，穿插着少量的文字，只涉及加法和减法，这样的问题看起来极其简单，但在实际的教学中却发现学生出错率较高。为此，笔者分析了一年级学生在解决问题上主要存在的障碍及对策。

一、障碍

（一）纯图片的问题，不能正确理解图意

如在《数学一年级上册》用减法的解决问题学习中（见图1），求其中的一部分是多少，部分学生没能正确理解图意，用多的部分减去少的部分，导致解题出错。

图 1

再如《数学一年级上册》加减混合的解决问题学习中，对于带有箭头的有动态联系的两幅情境图（见图2），学生没有把图片看成整体的一幅画，导致理解出现偏差。主要原因是图片是静态的，但是图意的理解需要从整体感知，学生缺乏想象思维，导致不能正确理解图意。

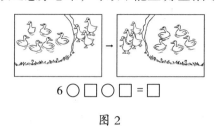

6○□○□=□

图 2

（二）图片中穿插文字的问题，不能正确收集数学信息

问题中的某些已知信息直接用文字表达，不需要通过数数得到，但是部分学生还是没能关注到文字，习惯性通过数数在图中获得数学信息，对于图中被遮挡的数学信息收集出错。如一年级上册练习二十三中，情境图（见图3）中右边有8条鱼，左上角显示游走了6条鱼，但水草的遮挡使部分学生数鱼的条数出现困难，又没能关注到文字信息，导致数学信息收集出错。

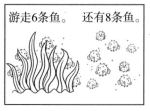

原来一共有多少条鱼？

□+□=□（条）

图 3

一年级学生识字量少，对于文字比较多的问题，存在理解困难。如《数学一年级下册》练习二十一中的问题（见图4），对于"我们班已经领了30根跳绳，如果每人1根，还需要再领5根。这个班有多少人？"这一问题，部分学生没能理解这个班的人数就是应有的跳绳根数，导致解题出错。

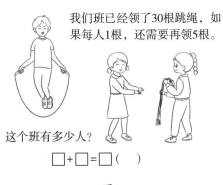

我们班已经领了30根跳绳，如果每人1根，还需要再领5根。

这个班有多少人？

□+□=□（　　）

图 4

对于蕴含着多个数学问题的情境图，或是含有多余条件的问题，学生出现理解偏差。如《数学一年级下册》练习十一中的问题（见图5）：小佳和小天投球，要求小佳得了多少分。本题只需要从图中先收集小佳投1分和10分的分数，再把它们加起来。但是学生对小佳说的"我的最后一个球投进了10分筐里！"理解出现偏差，导致10分的数据收集出错。

我的最后一个球投进了10分筐里！

加油！

1分

10分

小佳

小天

（1）小佳得了多少分？
（2）小天得了50分，小佳比小天多得了多少分？

图 5

（三）只关注情境或部分信息，没关注问题

看情境就列式，完全忽视了题目中所需要解决的问题。比如在含有大括号的情境图中，学生没有正确找出要解决的问题，导致出现求部分数解法错误的情况。

一些图文结合的问题中出现了一些关键字，比如"一共""还剩"，学生就直接列式，没有关注问题。如"一共有8只鹅，游走了3只，还剩几只？"学生看到"一共"就误以为要求的是总数。

总的来说，一年级学生解决问题存在的障碍主要是因为识字量较少，不会有序观察，将数学信息和生活情境建立关联存在困难，没能正确理解图意和题意。

二、对策

针对一年级学生解决问题出现的障碍，如何在平常的教学中有针对性地进行破解？笔者认为在教学中可以尝试运用以下策略进行突破。

（一）"动""静"结合，理解图意

对理解图意存在困难的情境图，在授课时，教师可利用现代信息技术，变"静"为"动"，让学生直观感受其中"动"的部分，帮助理解图意。如前面提到减法中的解决问题，先展示总数，然后动态展示消失或减少部分，帮助学生找准总数。再比如，连加连减的解决问题情境图，利用动态展示，让图片"动起来"，把图意一步步展示出来，帮助学生准确、整体地感受图意。最后，再回归到"静"图，在练习中，学生通过在头脑中演绎"动"图，从而正确理解图意。

（二）"图""文"结合，培养问题意识

一年级学生的思维以形象思维为主，语言表达能力较弱，问题意识比较薄弱。在数学课堂上，通过"看"图片，"说"图意，引导学生关注到数学问题，敢于提出数学问题，乐于提出数学问题，提出有价值的数学问题。

如配以大括号和问号呈现的数学问题，让学生有序地观察图片，有序地表达数学信息和数学问题。对于图文结合的情境图，先让学生"看"图收集数学信息，再根据数学信息提出有价值的数学问题。在《数学一年级上册》第五单元简单求和的解决问题（见图6）的第一次试课中，大部分学生仍只关注到数学信息和大括号，不能根据图意正确提出问题，问题意识仍比较薄弱。为了让学生聚焦到数学问题，提高学生的问题意识，在第二次试课时我们进行了以下调整：先出现"？只"，再出现大括号，最后让学生说一说大括号和问号表示的含义。这样的调整取得了良好的效果，学生不仅关注到数学信息，还关注到数学问题，班上的学生基本能把图意完整表达出来。把"符号"结合起来转化为"文字"，培养了学生的问题意识。

？只

图6

(三)"说""画"结合，找准数量关系

数量关系始终是解决问题的关键，归根到底就是四则运算的运用。在一年级解决问题打基础阶段，解决问题教学决不能停留在简单的列式解答上，而是要用多种方式帮助学生找到题中的数量关系。对于一年级的学生来说，简单的题目通过完整表述题意就能够找准其中的数量关系，但是对于一些理解起来比较困难的题目，我们就可以通过说一说、画一画等方式，通过"说""画"结合，多元表征，帮助学生找准数量之间的关系。

如：针对一年级学生不能完整表达图意的情况，我们在《数学一年级上册》的解决问题教学设计中要注重引导学生以两条数学信息和一个数学问题的模式，完整地描述一个情境图。例如：左边有1只羊，右边有4只羊，一共有几只羊？通过模型帮助学生强化结构意识；通过"说"，帮助学生完整表达图意。如果"说"还不能很直观帮助学生找准数量关系时，可以通过"画"的方式。在《数学一年级上册》中的解决问题：体育老师领走了7个哨子，还剩下5个，原来有多少个哨子？通过画图的形式，帮助学生理解求"原来有几个"，需要把领走的部分和剩下部分合起来，所以"原来有的哨子数量＝领走的哨子数量＋剩下的哨子数量"。通过"说""画"结合，让学生从一开始就对"信息"和"问题"的关联有一个整体感知，初步感悟简单的看图解决问题的基本结构和数量关系，强化学生结构化意识。

（四）从"扶"到"放"，建立模型意识

在构建解决问题模型时，不是简单构建"数学问题"的结构模型，而是要构建"问题解决"的思维模式。"图中有什么"，引导学生有序地观察情境图，收集其中的数学信息，进而发现并提出有价值的数学问题。"怎样解答"，要达成的目标是构建解决问题的思维模型，即重点关注数量与数量、数量与问题之间的关系。学生通过思考"为什么用加法（减法）计算"，感悟情境图中的数量关系。"解答正确吗"，通过回顾解题过程和计算，学会检查的方式方法。在一年级解决问题的授课中，用有层次的三句话，对学生解决数学问题的过程给予指导，从刚开始授课的"扶"，带着学生去体验解题三步骤，到后面"放"，让学生尝试自己根据这三步骤独立解决问题，引导学生体会解决一个数学问题所要经历的步骤，学习解决问题的基本方法，建立解决问题的数学模型。

（五）由"浅"到"深"，培养学生"四能"

课堂练习是小学数学教学的一个重要组成部分。学生将所学到的知识在实践中加以运用，检验自己对所学知识的理解程度，从而促进有效的反思。同时教师可以获得反馈信息，及时进行纠错和指导。由"浅"到"深"层次性练习的设计，有助于激发和调动学生学习的主动性、积极性，其中的交流帮助学生学习、吸收不同的解决问题策略，帮助学生积累解决问题的经验，培养"四能"，打好解决问题的地基。

如在《数学一年级上册》简单的情境图呈现求和（求剩余）的解决问题教学中：练习1，运用三步骤解决问题，帮助学生加强建模意识；练习2，学生自主编题，帮助学生初步体会、学习在生活中发现并提出数学问题；练习3，根据老师提出的问题，正确收集信息，解决问题。在练习中学生逐步发展分析、解决简单实际问题的能力。练习设计层层深入，让学生学以致用，培养"四能"。

总之，在一年级的解决问题教学中，要从学生这一阶段的心理特点、认知基础出发，让学生充分经历解决问题的完整过程，有计划地培养学生

的审题能力，帮助学生获得分析问题、思考问题、解决问题的基本方法，并能运用所学知识和多种策略解决简单的实际问题，并为今后解决问题打好基础。

参考文献

［1］汪滗.打好解决问题的地基——一年级（上）学生"看图"解决问题的障碍及对策探究［J］.新课程研究（上旬刊），2012（11）.

培养低年级学生发现问题、提出问题能力的策略

南宁市东葛路小学 黎 莹 梁 娟

【摘 要】问题是思维的起点。在数学教学中，引导学生学会从数学的角度发现问题、提出问题，是促进学生逐步形成会用数学的眼光观察现实世界的一种有效方式。在解决问题教学中，充分利用教材提供的素材，挖掘教学价值，激起学生发现问题、提出问题的兴趣；多元表征理解题意，开放型预设，拓宽思维广度，培养低年级学生发现问题、提出问题的能力。

【关键词】发现问题 提出问题 多元表征 思维广度

一、问题的提出

数学本质上是一种思维活动，对个人形成理性思维有着不可替代的作用，而问题是思维的起点，有了问题，才能产生思维活动，有了思维活动，才能培养思维能力。学生善于发现问题、提出问题，更能有效促进思考、探索、实践，学习能力得到新的发展。可见，在数学学习中，发现问题、提出问题是发展学生数学思维能力的起点。

《义务教育数学课程标准（2022年版）》（简称2022版课标）在课程目标中提出"发展运用数学知识与方法发现、提出、分析和解决问题的能力（简称'四能'）"，将发现问题和提出问题和数学核心素养的目标融合在一起，可见，发现问题、提出问题的能力越来越受到重视。

解决问题教学内容起着让学生能够初步学会运用数学的思维方式去观察、分析现实社会，去解决日常生活中和其他学科学习中的问题，增强应

巧解数学问题——「三线五环」小学数学教学模式的建构与实践

36

用数学的意识的重要作用，是引导学生发现问题、提出问题的重要载体，是培养数学核心素养的有效途径。

低年级学生处于生长发育旺盛期，也是心理发展的重要阶段，在影响低年级学生数学学习的心理因素下，如何提高低年级学生发现问题、提出问题的能力？

二、影响低年级学生数学学习的心理因素

本文中"低年级"指的是按 2022 版课标中学段划分的第一学段（1—2 年级）。影响低年级学生数学学习的心理因素，主要为以下两方面。

（一）畏难情绪高，学习数学的态度易消极

低年级学生情绪波动大，缺乏调节情绪的能力，在数学学习中遇到困难时，学习态度易消极。在教学实践中发现部分低年级的学生在进行数学学习时，遇到稍微难一点的问题，没有进行仔细分析，就产生一种"这道题太难了，我不会"的心理，缺乏解决数学问题的信心，态度易消极。消极的心理暗示使他们在进行数学学习活动时，受到极大的负面影响，逐渐产生"数学是一门很难的功课"的错觉。

（二）依赖性强，懒于思考

低年级学生在数学学习过程中，具有较强的依赖性。部分低年级学生在数学学习过程中，遇到困难，喜欢向家长或老师要答案，而不是学习如何解决问题的过程和方法，缺乏主动探究、自主生成、内化知识的主动性，对老师和家长有较强的依赖心理。

三、主要策略

在小学数学中，解决问题的素材贴近小学生的生活实际，且通常以图画、对话、表格的形式呈现出来，形象生动，应充分挖掘素材价值，尽可能激发低年级学生发现问题、提出问题的兴趣。

针对影响低年级学生数学学习的心理因素，笔者结合多年教学实践研究，总结以下几种培养低年级学生发现问题、提出问题能力的策略。

（一）利用解决问题素材，激发兴趣

解决问题素材大多数以图文并茂的方式呈现，比较形象、生动、具

体。创设的情境贴近学生的生活实际，容易引起学生的共鸣。如在人教版《数学一年级下册》第 6 单元解决"同数连加"的实际问题：3 名同学一起折小星星，每人折了 6 颗。他们一共折了多少颗小星星？

3 个小朋友，每个小朋友前面都各摆有 6 颗星星，为让学生看得更清晰，每个小朋友的星星是不同的颜色，让学生一眼就看懂"3 名同学，每人折了 6 颗"的数学信息。形象、生动、有趣的图画，容易激起学生兴趣，便于学生理解数学信息，消除了低年级学生对于解决数学问题的畏难情绪。

在教学时，我们可以先出示情境图，给情境图创设一个折小星星的故事背景，激发学生兴趣，接着让学生看着图，说一说从图上能找到哪些数学信息，在此基础上出示"3 名同学一起折小星星，每人折了 6 颗"的信息，明晰数学信息，培养学生观察、整理数学信息的能力。查找出数学信息后，让学生说说想解决什么数学问题，给予学生发现和提出问题的机会。

利用解决问题素材，不仅可以营造轻松、愉悦的学习氛围，消除低年级学生对学习数学的畏难情绪，激发低年级学生学习兴趣，而且能引发学生进行数学思考，培养他们发现问题、提出问题的能力，学会用数学的眼光观察现实世界。

（二）理解题意，建立发现问题、提出问题的基础

发现问题、提出问题的前提是理解题意。现在的解决问题不再像以前的"应用题"一样，采用纯文字的形式出现，而是重视小学生认知特点，以形象、生动的图文来展示数学信息。这种变化，使得数学内容更加形象生动，也更符合儿童的认知特点。但同时，学生需要对图文信息进行重组、提取，才能获取有效数学信息，提出有意义的数学问题。低年级学生的阅读理解、语言表达能力比较弱，有序地整理、概括数学信息，对他们来说，是一个极大的挑战。

综合以上分析，在数学的教育教学过程中，数学教师可以从以下三方面提升学生理解题意的能力。

1. 增强心理建设，树立信心。

在学习的过程中，处于良好的自信状态的学生，会不断地挑战自我，取得进步，而低年级的学生多数没有自信，情感脆弱，需要帮助。因此在

平时的教学中，应关注低年级学生的心理特点，对低年级学生多鼓励，增强心理建设，引导他们积极主动参与数学学习，感受学习数学取得的成功，树立信心，激发学习数学的好奇心，做好数学学习的心理建设，建立乐于发现问题、提出问题的心理基础。

2. 多元表征理解数学信息。

多元表征是指用多种形式表征同一个对象，表征的方法主要有动作表征、画图表征、语言表征等。合理运用多元表征有助于学生深度理解题意，对数学信息进行有意义的建构，提出有意义的数学问题，促进数学思维的深度发展，为发现问题、提出有意义的数学问题做好思维上的准备。

3. 有序观察，数学信息表述可视化。

指导学生有序观察情境、整理和概括数学信息，借助数学语言和图形将数学信息可视化，将思维从杂乱的"空想"中解脱出来，使数学信息条理化，有助于学生理解题意、感悟数量关系，为发现问题、提出问题做好数学知识、技能上的储备。

如在教学以下问题时（见图 1），创设了给学生发现问题、提出问题的机会，但部分学生不会有序观察，不能理解题意，故很难发现问题和提出有意义的数学问题，数学思维能力得不到有效发展。

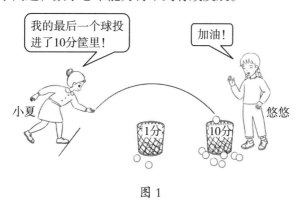

图 1

该题以图文方式呈现，需要学生有序观察、整理、提取、重构有效数学信息，对低年级学生来说具有较大挑战。在教学中，应注意引导低年级学生有序观察，可视化表述数学信息。

如何进行有序观察？先看左边的小夏（见图 1–1），她说："我的最后一个球投进了 10 分框里。"这句话告诉了我们最后一个球进了 10 分的框里。

图 1-1

　　沿着投球的方向看过去（也就是往我们的右边看），有两个框（见图 1-2），第 1 个框上写有"1分"，说明扔进这个框里的 1 个球代表 1 分，这个框里有 6 个球，得 6 分；第 2 框上写着"10分"，说明扔进这个框里的 1 个球代表 10 分，这个框里有 5 个球，得 50 分。

图 1-2

　　最后看最右边的悠悠（见图 1-3），她在喊"加油！"，不属于数学信息。

图 1-3

　　通过观察、整理，提取到的数学信息有：小夏的投球成绩是 6 个 1 分，5 个 10 分。

　　有序观察，明晰数学信息后，再通过数学语言和图示将数学信息表述出来，如下图：

巧解数学问题——"三线五环"小学数学教学模式的建构与实践

数学语言的描述、图示的方法将数学信息可视化，让学生易于理解题意，感悟数量关系并建立发现问题、提出问题的基础。

因此在教学中，教师应注重引导学生有序地观察、合理整理数学信息，从而更好地发现信息间的关联，建立发现问题、提出问题的基础，促进学生解决问题能力的发展。

（三）开放型预设，创设发现问题、提出问题的机会

问题是数学的灵魂。发现问题和提出问题，是学生数学思维发生的起点，也是学生创新思维发展的基础。作为教师，我们应该在数学教学实践中，多做开放性预设，创设更多发现问题、提出问题的机会，促进低年级学生数学思维能力发展，提升数学思维的广度和深度，培养创新意识。

以人教版《数学一年级下册》第二单元"求一个数比另一个数多几（少几）"的解决问题为例。在教学时，教师用课件先出示情境图，学生发现"小雪套中了7个""小华套中了12个"的数学信息后，教师暂时不出示教材中的问题，而是让学生们思考：你能提出一些数学问题吗？这是一个比较开放的问题，从不同的角度思考，可以发现不同的问题。如通过比较两个量间的多少，可以提出：小华比小雪多套中几个？小雪比小华少套中几个？把两个量放一起考虑，可以提出：两人一共套中几个？

开放性的情境，给学生创设了更大的发现问题、提出问题的空间，让学生在交流、反馈的过程中，意识到思考问题的角度不同，会有不一样的发现，在发现问题、提出问题中碰撞出思维的火花，产生数学思维的灵感，提升数学思维的品质，培养创新思维。

四、结语

经过实践研究，总结出在解决问题的教学中，培养低年级学生发现问题、提出问题能力的策略有：一是充分利用教材提供的素材，挖掘教学价值，激发学生兴趣；二是帮助学生理解题意，建立发现问题、提出问题的基础；三是开放型预设，创设发现问题和提出问题的机会。在教学中，教师有意识、有策略地对学生进行引导、训练，引导学生成为一个善于思

考、善于发现问题、提出问题的学习者，从而落实"四能"的培养目标，促进学生核心素养的发展。

参考文献

［1］中华人民共和国教育部．义务教育数学课程标准（2022年版）［S］.北京：北京师范大学出版社，2022.

［2］人民教育出版社．义务教育教科书（数学）一年级下册［M］.北京：人民教育出版社，2022.

用"数学涂画"培养一年级学生解决问题能力的策略研究

南宁市良庆区春华路小学　盘梦婕

【摘　要】《义务教育数学课程标准（2022 年版）》（简称 2022 版课标）提出了会用数学的眼光观察现实世界，会用数学的思维思考现实世界，会用数学的语言表达现实世界。"画"是学生的视觉语言，最能表达学生的内心世界。学生在一年级的数学学习中，受年龄特点和抽象思维水平的限制，解决问题都离不开直观图，"画"成为他们分析和解决问题的"脚手架"，帮助他们厘清数量关系，理解和内化知识。数学涂画就是利用表格、图形、漫画等多样化形式"画"关系，将抽象问题具体化、直观化，从而发展学生的"四能"。

【关键词】数学涂画　解决问题能力　策略

一、问题的提出

2022 版课标指出，学生能体会数学知识之间、数学与其他学科之间，数学与生活之间的联系，在探索真实情境所蕴含的关系中，发现问题和提出问题、运用数学和其他学科知识与方法分析和解决问题。小学数学学习，是从形象思维过度到抽象思维的阶段。在对人民教育出版社出版的教育部审定版教材进行对比后发现，教材从素材选取上更具有现实性、趣味性、可探索性，赋予解决问题新的生命，突破了实验版教材以单一的文字叙述为主，而采用表格、图形、漫画、对话、文字等多样化的形式，更受学生们喜欢。另外审定版教材解决问题的类型多样和答案的不唯一更能培养学生的"四能"。但在实际教学中笔者发现不少学生解决问题的能力不强，读题能力差，不能准确地把实际问题抽象成数学问题，不能将数学知识应用到实际生活，缺少必要的生活体验，对于生活中的各种数学信息不能准确理解等。画图策略是解决问题策略中最为基本、也是最重要的一种策略，画图能力的强弱也反映了解决问题能力的高低，所以在解决问题的教学过程中，要注意培养学生运用"涂画"来分析问题、解决问题的能力，感悟分析和解决问题的基本方法，感受数学在生活中的应用，形成初步的几何直观和应用意识。

二、一年级学生解决问题能力的现状分析

培养学生解决问题能力，不是朝夕就能达到的，而需要一个长期、持续的过程，所以笔者对一年级新生进行问卷调查，共发放问卷 198 份，回收问卷 198 份，有效问卷 198 份。问卷共设计了 4 道题，每道题目包含学生答题及家长评价 2 个部分，通过学生和家长 2 个方面了解学生的解决问题现状，调查结果主要呈现在以下 2 个方面。

（一）学生图形表征能力强于语言表征

从调查结果可以看出，一年级的学生在幼儿园、幼小衔接班基本已经接触过图式题，98% 的学生能够根据图列出算式，他们能看懂图的意思，但是只有 10.6% 的学生能用语言来表述图的意思。从结果中我们可以看出，学生在解决问题中的图形表征能力强于语言表征（见表 1 ）。

表 1　问卷调查结果汇总表

	正确列式计算		用语言描述图的意思	
	能	不能	能	不能
人数	198	4	21	177
占比	98%	2%	10.6%	89.4%

（二）学生画图解决问题的意识较薄弱

调查发现：有 62.6% 的学生没有画图解决问题的意识；有 31.3% 的学生有画图解决问题的意识，但是不能够正确画出示意图；只有 6.1% 的学生能够准确画出示图意（见表 2 ）。同时通过对比家长评价，我们也可以

知道，能够画出图的学生均能正确列出算式，也能够把题目数量关系表述清楚。画图策略有助于学生理解题意，然而由于一年级学生受年龄特点和抽象思维水平的限制，把文字信息准确转化为图画的能力有限，所以这也影响到他们对画图策略的应用。

表2　问卷调查结果汇总表

6个女生排成一排跳舞，如果要使相邻两个男生之间站一个女生，一共需要多少个男生参加跳舞？　可先在图中画一画哟。　先画图：□○□=□	通过自己分析，能准确画图	尝试画图，但是不能准确画出来	没有画图
人数	12	62	124
占比	6.1%	31.3%	62.6%

三、利用"数学涂画"提高一年级学生解决问题的基本策略

（一）挖掘"涂画"的魅力，让学生产生画图的欲望

兴趣是最好的老师，学习的热情是学习的最佳动力。数与形的结合，是帮助学生从形象思维过渡到抽象思维的载体。学生较薄弱的"涂画"意识是制约学生解决问题能力培养的重要因素。为了提高学生的"涂画"意识，首先得帮助学生感受到"涂画"的价值，感受到"涂画"是数学学习、解决问题的好帮手。在教学中教师可以有意识引导学生用"涂画"的方法解决问题，例如在教学"比多少"时，可以让学生们通过圈一圈、连一连等方式"找朋友"，最后在圈、连的过程比较出谁比谁多，谁比谁少（见图1），感受到解决问题其实就是那么简单。

比 多 _2只_ 。 比 少 _2个_ 。

图1

对于纯文字的问题，由于学生的识字量有限，他们分析题意是有困难的，所以在教学时，教师可以通过把文字题与学习过的图示题进行对比，如"一共有9只小鹿，跑走了3只，还剩几只？"可以跟图2、图3进行联系，让学生先结合图讲讲小鹿的故事，再跟文字题进行对比，引导学生发现文字题的意思，也能用学过的图式题表达清楚，感受"图"的魅力，体会到"涂画"的价值。

图2   图3

（二）设计"预习卡""练习卡"，养成画图习惯

泰勒在《课程与教育学原理》中提到课程有效组织的三大标准是"连续性、顺序性和整合性"。连续性是指课程要素的直线式重复，从心理学的角度来说，对于新行为获得应采用连续强化。所以为了提高学生的画图意识，养成画图习惯，可以使用"预习卡""练习卡"在课前预习、课后练习，在教学中安排"画一画"的内容，让学生们养成画图解决问题的习惯，长此以往，经过持续强化，提高学生用直观图分析和解决问题能力，发展几何直观。

（三）规范"涂画"训练，提升学生运用画图解决问题的能力

在教学伊始，学生画图主要依赖于模仿，所以在一年级教学中，教师要有意识渗透画图策略解决问题，培养学生形成良好的画图习惯。画图并非是简单的"涂图"，而是在画图的过程中表达清楚数量关系。例如在教学"原来有8只白鹅，跑走了3只，还剩几只？"的问题时，可以首先让学生把题目的信息和问题通过图画出来，转化成之前学习过的图式题（见图4），再观察图可以知道，是在原来的8只中去掉3只，所以用减法，找到数量关系，原来鹅的只数减去跑走鹅的只数，就等于剩下鹅的只数。把数学文字题变成图，是从"抽象"到"直观"的过程。通过图和算式的沟通，学生真正理解数量关系，也渗透了数形结合思想，学生的分析和解决问题能力得到进一步提高。

巧解数学问题——「三线五环」小学数学教学模式的建构与实践

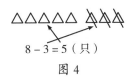

$$8-3=5（只）$$

图 4

（四）借助"数学涂画"创意作业，激活学生思维

著名心理学家皮亚杰曾经指出："儿童的思维是从动作开始的，切断动作与思维之间的联系，思维就不能得到很好的发展。"所以教师可以创造更多的给学生"涂画"的机会，学生在愉快的"画画"创作中展示其数学思维火花。教师可以设计"我能画数学"或"数学漫画"等个性化作业（见图 5、图 6），让学生发挥想象力，激发问题意识。

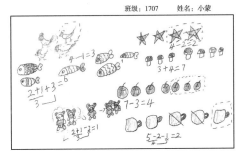

图 5

图 6

例如图5就是让学生通过图把自己理解的算式的意思表达出来，他们把图转化成算式，也把算式转化成图，在不断的转化中，理解"＋、－"的含义。

"数学漫画"则是将一个数学问题或是数学中的重难点，通过一个故事情境以四格漫画的形式呈现。如图6的跳绳比赛，呈现了数学中"一个数比另一个数多几（或少几）"的问题。学生通过跳绳比赛，发现和提出数学问题，培养了数学眼光，同时通过小伙伴间相互鼓励的故事，培养了良好的情感态度和价值观。

这样的创意作业设计符合学生的心理需求，在润物细无声中发展学生的数学思维，培养学生"四能"，同时也很好地回应了课程标准中对数学学科与其他学科和生活之间融合的要求，最终帮助学生全面发展。

总之，一年级问题解决是小学问题解决的基础，在解决问题过程中，借助"涂画"把纯文字的解决问题变得直观明了，借助"涂画"将许多抽象的数量关系形象化、简单化，借助"涂画"让数量关系"显山露水"。当然，在解决问题的过程中，借助"涂画"是过程状态，并不是最终结果。解决问题借助"形"，但不是依赖"形"。要让"形"变为"象"，最终达到眼中、脑海都有型。

参考文献

［1］中华人民共和国教育部.义务教育数学课程标准（2022年版）［S］.北京：北京师范大学出版社，2022.

［2］马云鹏.关于数学核心素养的几个问题［J］.教育实践与研究，2015（9）.

［3］陈智芬.巧用画图，提高数学课堂的有效性［J］.新教师，2014（12）.

画中理解　画中感悟

——谈画图策略在低年级解决问题中的应用

南宁市东葛路小学　冯　洁

南宁市普罗旺斯小学　周颂宁

【摘　要】《义务教育数学课程标准（2022年版）》（简称2022版课标）中提出，要以核心素养为导向，发展运用数学知识与方法发现、提出、分析和解决问题的能力（即"四能"）。儿童涂涂画画，不仅可以活跃他们的思维，激发潜能，还可培养他们的观察力、专注力、创造力、分析想象的能力。在低年级的数学教学中，教师应充分利用画图这一有效策略，将抽象的知识具体化，培养学生学科核心素养。

【关键词】"四能"　画图　解决问题

儿童对画画有着一种天生的喜爱，通过绘画向他人展现自己的内心世界。可见，画图是训练学生思维的一项有效活动。对于低年级学生来说，画图可以帮助他们把抽象的问题具体化，理清数量关系。2022版课标提出，要以核心素养为导向，发展运用数学知识与方法发现、提出、分析和解决问题的能力（即"四能"）。在低年级的数学教学中，我们能否充分利用画图这一有效的工具，把抽象的知识具体化，帮助学生建立数感，理解运算，从而有力地发展学生的"四能"呢？

一、画图策略在低年级解决问题教学中使用现状及意义

解决问题在小学数学课本中占很大的分量，是小学数学教学中的重点也是难点，因此小学低年级就要加强解决问题的起步教学。但是在一些访问和调查中发现，很多学生忽视分析题意，喜欢套用，比如题目中有"比多"的用加法，有"比少"的用减法，问"一共"用加法，问"还剩"用减法，一部分学生并不是以加法、减法的意义建立起加减法的模型，而是以这些特殊的字词建立了加减法的模型；也有部分学生"依葫芦画瓢"照着例题做练习。究其原因，主要有以下两方面。一是低年级学生的思维以形象、直观为主，不能准确地分析出其中存在的数量关系，不能准确地选择正确的计算方法，甚至有的只是凭借其中的一些相关字眼盲目机械选择计算方法，不知其所以然。久而久之，学生对于数学学习信心不足，看到关于解决问题的题目就心生惧怕，解决问题的能力得不到有效的提高，不利于后续的数学学习活动。二是教师在进行解决问题教学时没有引导学生形成解题的一些基本策略，比如画图的策略，没有意识或者不知道如何引导学生，并让学生养成画图帮助分析思考的习惯。

画图可以把抽象的数学知识直观化，低年级学生的思维以形象直观为主，通过涂涂画画，学生能更好地理解题意，正确理解其中的数量关系，从而正确选择计算方法。因此，我们在教学中应通过积极的引导，让学生了解并掌握一些基本的画图策略，让他们感受画图策略在解决问题学习中的重要意义，丰富他们的解题经验。

二、合理运用画图，帮助学生建立数感

数感是小学阶段学科核心素养的主要表现之一。数感的建立有助于学生理解数的意义、理解具体问题情境中的数量关系。因此，我们要借助画图策略，有效帮助学生建立数感。

比如，学习100以内数的认识时，让学生画一画表示对"45"的理解，学生呈现的方法就多种多样。有的学生利用计数器，在计数器上画珠子表示；有的学生画一个大圈表示40，画一个小圈表示5，表示40和5合起来是45；还有的学生仿照课本的习题，用正方体来表示，10个小正方体叠为1列，4列表示40，再画5个小正方体和这4列合在一起就是45。

巧解数学问题——"三线五环"小学数学教学模式的建构与实践

虽然学生的画法都不一样，呈现了不一样的思考角度，但都能够用画图的策略直观地呈现了自己对 45 的理解，这为后面认识 1000 以内的数奠定了良好的基础。

再比如数轴，数轴能够让学生对数的认知更深刻，对数和数之间的联系理解得更透彻。《数学一年级下册》教学 100 以内数的认识时，可以在数轴上标上一些数，请学生填空，以此理解数的顺序，让学生知道数的排列是有方向和顺序的，并且请学生思考如"78 离 80 近一些还是离 70 近一些？"此类的问题，感受数的大小关系。数轴能让抽象的数变得直观有形，学生的数感可以借此得到有效的建立和培养。

三、合理运用画图，帮助学生理解运算意义，正确进行分析与解答

教学经验告诉我们，学生不能正确解决问题，是因为没能正确分析其中存在的数量关系，导致计算方法出错。深挖其中的原因，其实就是学生并没有深刻地理解运算的具体意义，所以才会胡乱选择计算方法。学生看到题目出现"一共"就选择用加法，看到"还剩"就直接选择用减法，相信这是大多数老师都遇到过的问题。我们该如何利用画图来帮助学生理解运算的意义呢？

（一）让图形说话，理解算理的意义

算理的理解关系着学生运算能力的发展。在计算教学中，我们也可以借助画图，让学生更直观地理解算理。比如我们在教学 20 以内的进位加法时，让学生理解凑十法是教学重点，如"9+6 = ？"，上课时先请学生自由选择方法尝试计算，很多学生就喜欢用画图的方法来呈现，因为画图非常直观明了，简单易懂。学生的图画作品表明他们已经透彻理解了凑十法。运用画图的策略，抽象的算理变得有形可依，学生理解起来毫不费力，教师教学算理时也会轻松许多。

再例如：在人教版《数学二年级上册》第二单元"求比一个数多（少）几的数是多少"的教学中，例 1：卫生评比中，一班得了 12 面红旗，二班比一班多 3 面，二班得了多少面红旗？学生很快就能列出算式 12+3=15，但是当追问为什么用加法时，很多学生的答案都是因为二班比一班多 3

面，没有办法说清楚原由，这时如果老师适当引导学生把知道的画出来，学生经历画图、分析、沟通内在联系，很快就能体悟出二班是由两部分组成的，一部分是跟一班同样多的，另一部分是比一班多的 3 面，求二班有多少面就是求整体，所以用加法，这样让学生通过自己的观察体悟获得的知识才能主动地进行建构。

学生只有真正理解了算理，计算时才会事半功倍。所以，用画图的策略帮助学生理解算理，对培养学生的解决问题能力是很有裨益的。

（二）用图形描述，解决实际问题

著名的数学家华罗庚先生说过："数缺形时少直观，形少数时难入微，数形结合百般好，隔离分家万事休。"尤其是在解决实际问题中，因文字简要抽象，对学生的学习造成一定的困难，有时候学生根本无从下手，当学生面对数学难题不知该如何选择算法时，可以让学生画一画图，算法就会跃然纸上，数学问题也就迎刃而解。

比如，教学一年级重叠问题的时候，学生往往很难理解为什么要在前面人数加后面人数的总数里减去 1。如"小明妈妈排队买电影票，从前往后数她排第 4，从后往前数，她排第 5，请问一共有几人在排队？"这里的情节比较复杂，学生很难从字面去理解其中的数量关系，并且不确定最后到底是要加 1 还是减 1，课堂教学时学生往往会为此争执不下。这时候就需要借助画图，帮助学生理解题意，正确选择算法。通过画图，学生就会发现，原来妈妈被重复计算了一次，所以要减去 1，也就是 4+5−1=8（人）。

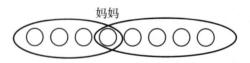

类似的题目还有"我的前面有 5 人，我的后面有 6 人，一共有几人？"，学生会和上面的题目混淆，这时候也是要通过画图，让学生理解算法：因为只计算了前面和后面的总人数，自己还没有算进去，所以要加 1，也就是 5+6+1=12（人）。

通过画图，学生就会对算法更加清楚，否则，只通过教师枯燥的语言去重复阐述，学生听了只会一头雾水。此时的一幅图，胜过教师的千言万语，这就是画图策略对于选择算法的有力帮助。能正确选择算法，也就能正确解决问题了。所以，合理运用画图策略，可以帮助学生进一步提高综合分析能力和解决问题的能力。

（三）用图形讨论，回顾与反思

从一年级开始，课本安排的解决问题都以"你知道了什么""怎么解决""解答正确吗"让学生体会解决问题的步骤，同时对解决问题提供思想方法的指导。在平时的教学中，尤其是在一年级解决问题教学中，我们对学生的训练都是正向思维比较多，在一定程度上，会对学生产生思维定势。比如在"左边有 4 只兔子，右边有 2 只兔子，一共有多少只兔子？以及一共有 7 只青蛙，跳走了 2 只，还剩几只"中，学生在经历知道了什么，怎么解答之后，老师会从解决问题的步骤和方法上引导低年级学生反思，想一想为什么用加法或减法解答，计算是否正确，引导学生"要知其然"，还要"知其所以然"。我以为低年级学生能从正向思维去反思，已经是很不错了。

但是，最近在我们二年级数学组研究"运用画图策略培养低年级学生解决数学问题的能力"的过程中，学生用图形讨论"解答正确吗"时给我带来新的惊喜，如我们在教学"求比一个数多（少）几的数是多少"（例题：在卫生评比中，一班获得了 12 面红旗，二班比一班多了 3 面，二班获得了多少面红旗？）中发现，学生在经历画图体悟出二班红旗是由两部分组成的，一部分是跟一班同样多的 12 面，另一部分是比一班多的 3 面，所以用加法计算之后，在"解答正确吗"这一环节，学生的讨论非常精彩，以下是学生的原话：

师：我们算得二班得了 15 面小红旗，解答正确了吗？

生 1：正确。可以用数一数的方法检验。

生 2：12 是一班的红旗，3 是二班比一班多的红旗，合起来用加法，没有错。

生 3：15 面红旗减去多出来的 3 面，刚好等于一班的 12 面红旗，没有错。

学生不仅能从不同角度对解答过程与结果进行反思和检验，更可贵的是学生能结合图形进行逆向思考。

四、合理运用画图，帮助学生发展应用意识

数学源于生活，同时又应用于生活，2022版课标提出：应用意识主要是指有意识地利用数学的概念、原理和方法解释现实世界中的现象和规律，解决现实世界中的问题。应用意识有助于用学过的知识和方法解决简单的实际问题，养成理论联系实际的习惯，发展实践能力。那么如何利用图形拓展，发展学生的应用意识呢？比如《数学一年级上册》第八单元"20以内的加减法"问题：领走了7个哨子，还剩5个，原来有几个？学生在用画图 ▲▲▲▲▲▲▲ 理解了为什么用加法解决的道理后，让学生想一想、说一说，这样的图形还能解决生活中的哪些问题呢，提高学生发现问题、提出问题、分析问题、解决问题的能力，发展学生的应用意识。

画图策略是解决问题的常用策略之一，对学生的数学学习有着不可估量的作用。画图策略不仅能够加深学生对数和运算的理解，还能将抽象无形的数学知识转化得更直观具体，帮助学生快速地找到解决问题的方法，为解决问题提供了新思路。我们在教学中，要有意识地培养学生了解并掌握这一有效策略，让学生好好利用画图策略解决问题，帮助他们积累丰富的解决问题经验，从而有效提高解决问题的能力。

参考文献

[1]何少芳."画图策略"在低年级解决数学问题教学中的运用[J].数学学习与研究，2017（21）.

[2]蔡李平.借助画图策略，深度理解数学[J].小学教学参考，2018（9）.

[3]林迎陶.小学数学有效运用"画图策略"的实践分析[J].数学教学通讯，2020（2）.

运用"画图策略"，培养学生"四能"

——以《数学三年级上册》为例

南宁市国凯路小学　李安旺

【摘　要】《义务教育数学课程标准（2022年版）》（简称2022版课标）明确了数学课程的总目标，即以"三会"（会用数学的眼光观察现实世界，会用数学的思维思考现实世界，会用数学的语言表达现实世界）为统领，强调获得"四基"，发展"四能"，形成核心素养。那么，如何在解决问题教学中培养学生"四能"呢？特别是学生相对薄弱的分析问题的能力，如何提升？笔者结合三年级上册教材中的典型例题，以感知—尝试—自觉为基本路径，循序渐进培养学生的画图策略，从而提升学生分析问题的能力，发展学生核心素养。

【关键词】"四能"　分析问题　画图策略

2022版课标课程目标中，把"三会"（会用数学的眼光观察现实世界，会用数学的思维思考现实世界，会用数学的语言表达现实世界）作为统领整个数学学习的总目标，强调获得"四基"，发展"四能"，形成核心素养。在"四能"的要求中提出：在探索真实情境所蕴含的关系中，发现问题和提出问题，运用数学和其他学科的知识与方法分析问题和解决问题。这给我们培养学生"四能"提供了一个明确的方向，而当前的小学数学解决问题教学中，学生分析问题的能力普遍偏弱，如何利用数学知识和方法帮助学生分析问题呢？通过对小学阶段解决问题知识点的梳理，我们发现从《数学三年级上册》开始，课本中开始有系统的向学生渗透数形结合思想，以几何直观提升学生解决问题的能力。如何利用教材的这一编排特点培养学生的"四能"呢？笔者认为离不开"画图"这一重要的策略。

华罗庚曾经说过："数缺形时少直观，形少数时难入微。"这句话深刻地揭示了数形之间的辩证关系以及数形结合的重要性。众所周知，小学生的逻辑思维能力还比较弱，因此，在解决问题教学时，要培养学生将枯燥的文字信息转化为生动直观的图形信息的能力，这有利于学生理解问题中的数量关系。特别是到了中年级，要结合具体的问题情境，让学生逐步认识线段图，实现从色条图向线段图的抽象过渡，培养学生自觉画图解题的意识和习惯。下面以人教版《数学三年级上册》中的典型例题为例阐述画图策略的具体操作方式。

案例一：分数的简单应用

例题：三（1）班有 24 名学生，其中男生占 $\frac{2}{3}$，女生占 $\frac{1}{3}$。男女生各有多少人？

第一步：看到 $\frac{2}{3}$ 和 $\frac{1}{3}$ 马上在草纸上画出。（注：在教学分数的初步认识的时候，笔者和学生总结出来分数就是先平均分再数份数）

第二步：把谁平均分成 3 份？

24名学生

第三步：男生占几份？

男生

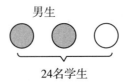

24名学生

第四步：女生占几份？

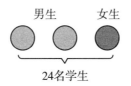

男生　　女生

24名学生

经过这四步把原来题目变换成了：把 24 名学生平均分成 3 份，其中的 2 份是男生，1 份是女生。男女生各有多少人？把求一个数的几分之几是多少的分数乘法问题转化为整数除法和乘法问题，把未知的知识转化成已知的知识来解决。

感悟：分数解决问题的难点就是如何让学生理解问题中分数所表示的含义。分数包含两个含义：数和关系。怎样让学生更好的理解分数的含义呢？我们把学生原本很难理解和分析的"分数"问题，通过逻辑推理的方法，直观转化成学生学过的问题，这样不但教会学生对于分数的简单应用问题的分析与解答方法，同时也在无形中渗透了数学的核心素养——推理。

案例二："归一"和"归总"问题

例题：妈妈买 3 个碗需要 18 元。如果买 8 个同样的碗，需要多少钱？

第一步：把问题用文字表述转化成图形表征。

?

第二步：观察图形，我们解决这个问题的关键是一个碗的价格。

　?

第三步：根据题目中的条件推导出一个碗的价格。

3个相同的碗一共18元
求一个碗的价格？

通过图形，一步步逆推出"归一"问题的中间问题，同时也在渗透数学中的模型：单价 × 数量 ＝ 总价。

感悟："归一"和"归总"问题的关键是寻找中间的量。如何让学生更加清晰地找出中间的量呢？我们在实践中发现利用"几何直观"直观呈现出数量之间的关系有利于学生清晰的分析数量关系，而本书中的"归一"和"归总"问题其实质就是数学模型。通过"问题情境—建立数学模型—求解问题"，一步步在学生的头脑中形成数学模型，这样也有利于提高学生的"四能"。

案例三：倍的认识

例题：军棋的价钱是 8 元，象棋的价钱是军棋的 4 倍，象棋的价钱是多少元？

第一步：选好标准量，把标准量看成一份。

军棋　1份

第二步：把"倍"转化为"份数"来解决，4 倍就是 4 份。

第三步：写出一份的价钱。

通过以形助数的方法，把原本抽象的倍转化成学生熟悉的份数问题，这样能更直观地理解倍的概念，沟通知识间的联系。

感悟：倍这个单元编排了两个课时的解决问题，分别以"实物图"和"线段图"帮助学生分析数量关系。因此，在教学中，要让学生体会几何直观在分析问题中的重要性，帮助学生养成自觉用图来表征数量关系的意识和习惯。

2022 版课标对数学的定义：研究数量关系和空间形式的科学。数与形之间是对立和统一的关系。解决问题是考查学生数学素养最好的媒介，学生能够清晰地分析出问题中的数量关系，建立数学模型，从而发展数学核心素养。画图策略是培养学生"四能"的一个重要途径，通过"图"理清问题条件，通过"图"分析数量关系，通过"图"构建起数学模型。

（一）以"图"理"思"

解决问题主要通过情境图和文字来呈现信息和问题，学生在阅读这些信息中，需要找到与问题相关的信息，而学生往往就是不能有效地筛选有用的信息，导致"无从下手""答非所问"。因此，我们在运用画图策略时，需要教会学生将题目中的文字信息转化为直观简洁的示意图，从而培养学生阅读题目的能力，让学生具备发现问题和提出问题的能力。

（二）以"图"析"系"

解决问题的关键是学生会分析数量关系，不管是"综合法"还是"分析法"都要求学生具备这样的能力。因此，在解决问题过程中，要注意让学生通过画图表征，让学生有理有据有序地思考问题，分析数量关系，从而感受到画图可以帮助自己分析问题和解决问题，养成自觉画图来解决问题的意识和习惯，形成解题策略。

（三）以"图"建"模"

解决问题归根结底是运用数学模型解决问题的过程，除了让学生学习四则运算模型的意义外，更重要的是在解决问题时，能灵活运用模型去解决问题，而画图策略在解决问题的运用，可以更多样化地帮助学生构建出四则运算的图示模型，运用数学模型去解决生活问题，从而更好地发展"四能"。

参考文献

［1］中华人民共和国教育部.义务教育数学课程标准（2022年版）［S］.北京：北京师范大学出版社，2022.

［2］钟振环.画线段图解决问题的教学思考与对策［J］.小学数学教育，2015（13）.

［3］李朝品."以学定教"，顺学而导，让策略的学习更有效－两次教学"解决问题的策略——画线段图"教学片段与思考［J］.课程教学研究，2019（12）.

以"数形结合"
提高小学高年级学生解决问题能力的实践研究

南宁市二塘小学　陀　华

【摘　要】《义务教育数学课程标准（2022 年版）》（简称 2022 版课标）指出"发展运用数学知识与方法发现、提出、分析和解决问题的能力（简称'四能'），形成正确的情感、态度和价值观"。解决问题在小学数学内容编排中占有大量篇幅，与"数与代数""图形与几何""统计与概率""综合与实践"四大领域紧密结合，对于发展学生"四能"起着重要作用。本文以"数形结合"这一数学思想为出发点，谈谈如何有效提高小学高年级学生解决问题能力。

【关键词】数形结合　小学高年级学生　解决问题能力

一、引言

数对形进行了抽象概括，形则是数的直观表现，这说明数与形有着不可分割的联系。小学高年级学生，逐步形成抽象思维，但仍然以形象思维为主，在解决问题教学过程中要提高学生分析问题和解决问题能力，需要大力培养学生的数形结合思想，对学生进行有针对性、目的性的数形结合训练，培养学生的数学素养。

二、小学高年级解决问题例题编排的特点

解决问题作为一类重要的课型，在小学数学知识领域中发挥着重要作用，是培养学生"四能"的重要载体。解决问题在不同阶段呈现出不同的

巧解数学问题——「三线五环」小学数学教学模式的建构与实践

特点，那么小学高年级的解决问题有哪些特点呢？主要表现在以下几个方面。

（一）涉及多个问题的解答

小学高年级的解决问题基本安排两个问题的解答，并且问题之间有着密切的逻辑关系。这样的设计，说明了对学生分析问题和解决问题的能力提出了更高层次的要求，这是符合学生的年龄特点的。例如《数学六年级上册》第六单元"百分数（一）"编排的"解决问题—变化幅度"设计了两个问题"价格是涨了还是降了？""变化幅度又是怎样的？"，两个问题是息息相关的，解答思路是一致的。

（二）数量关系比较复杂和抽象

为了更好地适应高年级学生的能力发展，教材编排的解决问题数量关系变得更加复杂和抽象，因为小学高年级的学生已经具备了一定的抽象思维能力，分析问题的能力也有了一定的提高。只从数据本身分析数量关系已经变得有难度了，需要借助图形辅助分析。例如《数学五年级下册》第六单元"分数的加法和减法"编排的例3："一杯纯果汁，小乐喝了半杯后，觉得有些甜，就兑满了水。他又喝了半杯，就出去玩了。小乐一共喝了多少杯纯果汁？多少杯水？"这道题在阅读与理解过程中已经变得非常抽象，数量关系变得复杂，阅读完题目还是比较模糊。在分析与解答过程中，教材借助几何直观辅助理解，让学生厘清数量关系，从而为解决问题指明方向。

（三）注重策略的提炼和思维的运用

小学高年级解决问题在低、中年级积累的活动经验基础上进行编排，更加重视解决问题策略的提炼，教师的方法及思想的传递，都会在潜移默化中对学生的解决问题策略产生影响。学生在经历解决问题过程中，逐步总结并积累经验，形成解题的有效策略。例如《数学五年级下册》"奇偶数解决问题"一课中，在探究"奇数与偶数的和到底是奇数还是偶数呢？奇数与奇数的和又是怎样的结论？那偶数与偶数的和呢？"三个问题中，提炼了"举例子"的策略，为后面研究"奇数偶数差的关系、乘除关系"提供参考。又例如《数学六年级上册》的"工程问题"提炼了"假设"策略。由此可见，小学高年级数学解决问题编排十分重视解题策略的提炼，重视学生思维能力的培养。

三、数形结合思想在提高小学高年级学生解决问题能力方面的意义

（一）数形结合让情境变得清晰明朗，有效提高发现和提出问题的能力

高年级的解决问题信息比较复杂和抽象，学生只进行阅读是很难理解题意的。借助数形结合，让问题变得清晰明朗，也利于学生在情境中发现问题和提出问题，为后面分析问题和解决问题提供良好的基础。比如相遇问题，通过情境中的文字和数据是比较难理解题意的，画线段图就会让题意变得清晰，这样有助于学生形象地理解情境中的数学信息。

（二）数形结合让数量关系变得形象直观，有效提高分析问题能力

学生经历在具体情境中运用数量关系解决问题的过程，感悟加法模型和乘法模型的意义，提高发现问题和提出问题、分析问题和解决问题的能力，形成模型意识和初步应用意识。分析数量关系是解题的重要过程，也是关键步骤，有了正确的数量关系，问题就能得到有效的解决，而借助数形结合，更容易发现和分析数量关系，有了图形的辅助，数量关系就变得清晰可见，形象又直观，提高了分析问题的能力。

（三）数形结合让解题思路更加有条理，有效形成解题的策略

阅读与理解、分析与解答、回顾与反思是解决问题的三大步骤，无论是信息的阅读，还是分析解答，借助线段图能让复杂的信息变得清晰，大大提高理解能力，而且还能迅速找到解题方向和解题策略，使整个解题思路更加清晰。

（四）数形结合让解决问题更具模型，有效增强学生的应用意识

高年级的解决问题逻辑性非常强，涉及的知识点也很广，要有效架构问题与信息，才能找到解题方向。借助数形结合，让数学信息和问题更容易建构关系，数量关系也变得更加清晰，可以让整个解决问题过程更加有逻辑，从而构建模型，使学生的应用意识得到有效增强，核心素养得到充分发展。

四、运用数形结合思想提高小学高年级学生解决问题能力的实施策略

数形结合是数学知识的精髓和灵魂。那么在解决问题过程中，如何发挥它的价值呢？下面，笔者将结合《数学六年级上册》第一单元的"稍复杂的求一个数的几分之几是多少的问题"课例来谈谈在课堂中如何运用数形结合提高小学高年级学生解决问题的能力。

（一）创设数形结合的导入情境，迁移解决问题方法

为了更好迁移解决问题的方法，在上新课前，创设一个关于用数形结合策略解决问题的情境。可以创设这样一个情境："小丽一分钟跳绳 140 次，小军一分钟跳绳次数是小丽的 $\frac{6}{7}$，小明一分钟跳绳次数是小军的 $\frac{5}{6}$，小明一分钟跳绳多少次？"要解决这个问题有没有比较快的方法？在复杂抽象的文字和数据描述中，学生固然想到画图表示，因此教师顺势引出画图法，并提示这是一种数形结合的方法。

（二）借助数形结合形式，梳理信息与问题

根据课本的安排，课本呈现了一段文字情境，内容是："人的心脏每分钟跳动的次数因年龄而不同。青少年每分钟心跳约 75 次，婴儿每分钟心跳的次数比青少年多 $\frac{4}{5}$。"为了让学生充分理解信息含义，可以布置学生圈一圈关键信息，找一找关键数据，用图画表示出来，这样学生就能聚焦关键信息。在教学实施中，让学生根据信息，顺势提出一个问题，在发散思维过程中，最终聚焦"婴儿每分钟心跳约多少次？"。以问题作为驱动，提高了学生提出问题的能力。围绕初步整理的信息图，学生的解题思路基本清晰，为分析与解答提供了重要的基础。

（三）通过数形结合图示，分析数量关系

在分析与解答过程中，为了清晰分析数量关系，借助线段图把青少年和婴儿的心跳次数两者之间的关系形象直观表示出来。观察线段图，学生迅速找到青少年心跳次数就是单位"1"的量，并清晰看出婴儿心跳次数比青少年多的部分。通过图示，学生很容易发现数量关系并很迅速列出对应的算式。

（四）掌握数形结合策略，建构解决问题模型

线段图在复习反思这一环节中也被课本提及，它能明确表述数量关系。借助数形结合，学生不仅分析了数量关系，从而找到了解题思路，同时还理解了数据背后的道理以及找到了解决问题的策略，最终建构模型。"四能"贯穿于解决问题的整个过程，与"四基"是息息相关的，学生在解决问题过程中，不断掌握数形结合这一思想，并能够运用这样的策略去解决更多相关的问题，可大大提高应用能力。

五、结语

数形结合在小学高年级解决问题过程中发挥着重要的作用，在解决问题教学实践中，要善于让学生借助数形结合分析数量关系，从而找到解决问题的策略，最终发展学生的"四能"。

参考文献

［1］中华人民共和国教育部.义务教育数学课程标准（2022年版）［S］.北京：人民教育出版社，2022.

［2］牛卫玲.巧用数形结合提高学生解决问题的能力［J］.新智慧，2021（10）.

［3］蒋丽卿.数形结合——培养学生的问题解决能力［J］.学生之友（小学版)(上半月），2009（10）.

［4］王一平.新课标下小学数学解决问题策略教学浅谈［J］.读写算，2022（26）.

第三章
实践案例

循序渐进，建构数学模型

——"解决问题（6、7 的加法）"一课研究

南宁市月湾路小学　叶舒媛

数学模型是用数学语言概括地或近似地描述现实世界事物的特征、数量关系和空间形式的一种数学结构。《义务教育数学课程标准（2022年版）》在第一学段的学业要求中指出：能在解决问题的过程中，体会解决问题的道理，解释计算结果的实际意义，感悟数学与现实世界的关联，形成初步的模型意识、几何直观和应用意识。那么，如何在教学中通过"三线五环"的教学模式渗透模型思想，促进学生形成初步的模型意识？笔者以"解决问题（6、7 的加法）"一课为例进行教学尝试。

一、情境创设，激发兴趣

"解决问题（6、7 的加法）"是人教版《数学一年级上册》的内容，这节课是学生第一次接触用情境图呈现的数学问题，也是学生学习解决问题的起点。教材以低年级学生熟悉的小兔子采蘑菇为情境，情境中，左边有4 只兔子，右边有 2 只兔子，问题是一共有多少只兔子。通过充满童趣、可爱的情景图，调动学生学习的氛围，增强学习兴趣。

二、问题驱动，唤醒意识

课本用情境图并配以大括号和问号，呈现了一个简单求和的数学问题。通过大括号和问号，引导学生在情境中发现数学问题，让学生学会用

数学的眼光观察现实世界，培养学生发现和提出问题的意识。为了便于低年级的学生观察和理解信息，情境图提供的信息比较简单，着重让学生经历解决问题的全过程，积累完整的解决问题活动经验。

三、分析解决，多元表征，感知模型

作为第一节解决问题课，课本首次采用了"图里有什么?""怎样解答?""解答正确吗?"三句话，有层次地对学生用数学解决问题的过程给予指导，引导学生初步体会解决问题的一般步骤和基本方法。在本课解决问题教学中，教学难点是让学生理解为什么用加法，什么时候用加法，避免与接下来学习的减法解决问题相混淆，也就要求学生对加法模型有一个清晰的认识。让低年级学生尝试通过多元表征，分析和解决问题，初步感悟加法模型。

【教学片段一】语言、动作表征

师：在大括号下面打一个问号就是在问我们（一共有几只）。现在谁能把图里的信息和问题连起来说一说?

生：左边有4只小兔子，右边有2只小兔子，合起来一共有多少只小兔子?

师：你说得真清楚，不错! 谁能像他这样说一说?

生1、生2：左边有4只小兔子，右边有2只小兔子，一共有多少只小兔子?

师：说得真清楚! 那谁能一边做动作，一边说一说呢?

生：左边有4只小兔子，右边有2只小兔子。一共有多少只小兔子?（比划手势）

师：做得真好。你们能像他这样跟同桌一边做动作，一边说一说吗?

【思考】在教学中先出示小兔子的情境图，让学生寻找图中的信息，再出现大括号和问号，突出大括号和问号的存在，让学生明确问号写在大括号下是在问"一共有多少"的问题。然后让学生自己先完整地说情境图的信息和问题，再配上手势，最后同桌之间一边说一边比划手势，一步步学会用数学语言简单明了地描述情境图中的信息和问题，并通过手势动作，动态理解大括号表示合起来、一共的意思。在语言、动作表征中初步感

知：知道两个相关的信息和一个相关的问题，就构成一个简单的数学问题。

【教学片段二】图像表征

师：刚才同学们都把这幅图的意思说明白了，那你们能简单地把这幅图画下来，让大家看明白吗？听清楚老师的要求，我们不用一个一个地画兔子，可以用符号或图形来代替兔子，你画的图只要让大家看清楚信息是什么，要求的问题是什么就可以了。

生1：我用花朵代替小兔子，左边画4朵，右边画2朵，问一共有几朵？

生2：我用三角形代替小兔子，左边画4个，右边画2个，问一共有几个？

生3：左边有4只兔子，就写4，右边有2只兔子，就写2，问一共有几只？

【思考】学生通过画直观示意图，将情境图中的信息抽象化、去情景化和模型化，用简单的实物、图形和符号去表征了原型小兔子，配以大括号和问号完整地表征了一个简单的加法解决问题模型，这是学生建构加法解决问题模型至关重要的一步。如果说在上一环节，说一说和用手比划形成的语言和动作表征是帮助学生在知觉方面学会了从情境图中寻找建构加法模型所需的信息和问题，那么图像表征则通过画一画建立了"知道两部分的信息，求两部分合起来一共是多少"的加法模型的图像，进一步渗透了数学模型思想。在这一过程中也使学生初步体会了不管是画花朵（实物）、画三角形（图形）、写数字（符号）还是画其他简单的事物，这些不同的事物都可以表示同一个事情（见图1），即左边有4只小兔子，右边有2只小兔子，求一共有多少只小兔子，体会和感受数学模型的简洁性和直观性。

图1

【教学片段三】符号表征

师：那你们能解决一共有几只这个问题吗？请把你的算式写到课本P46（学生自主列算式解答），现在谁来说说怎么解决"一共有多少只兔子？"的问题。

生：一共有 6 只小兔子，4+2=6。

师：同意吗？那你们知道 4 表示什么意思吗？（左边有 4 只小兔子）2 表示什么？（右边有 2 只小兔）6 表示什么？（一共有 6 只小兔子）

【思考】加法算式 4+2=6 既是"一共有多少只兔子？"这个问题的解答，也是用数字符号表征整个数学模型的方式。以上片段中让学生书写算式并说明算式中每个数字符号的意义，其实就是在用数字符号表征情境图的图意，既简洁明了地再现语言表征的全过程，又使图像表征进一步抽象化。从情境图到示意图再到算式，给予学生充分的时间和空间，让学生在多元表征、分析和解决问题的过程中初步感知加法解决问题的数学模型。

四、反思总结，正向迁移，凸显模型

【教学片段四】

师：我们的解答正确吗？谁有办法检查？我们又是怎么解决这个问题的？

生 1：我们可以再算一遍。

生 2：我们先找图里的信息和问题，然后画图，再列算式找答案。

生 3：最后要检查。

师：今天老师还把小企鹅请到了我们的课堂。谁来说说这幅图的意思？

生：左边有 2 只小企鹅，右边有 5 只小企鹅。

师：你们能找到图里面的信息，那你们除了这两个信息，还看到了什么？你们知道它在问什么问题吗？

生：问我们一共有几只企鹅。

师：很好。现在谁能把我们刚刚发现的信息和问题完整地说一说？

生：左边有 2 只小企鹅，右边有 5 只小企鹅，一共有几只？

师：那谁能解决一共有几只这个问题？用什么方法。

生：用加法计算。

追问：为什么用加法计算？

生：因为求一共有几只，所以用加法计算。

师：好，那你们会列算式吗？现在打开课本 P46，观察金鱼图，说一说图里的信息和问题，列式解答。

【思考】通过"解答正确吗？"引导学生检查计算是否正确，回顾解决问题的过程，总结解决问题的步骤。对于数学教学来说，知识的联系是通过不断地正向迁移建构起新知。因此，在学习完例题后，紧接着设计与例题结构类似的小企鹅和小金鱼两道题，让学生借助迁移例题的学习经验解决练习题，通过说一说、写一写再次完整经历用加法解决问题的过程，让加法解决问题的数学模型在学生的脑海中进一步凸显出来。

五、应用拓展，本质探究，构建模型

【教学片段五】

师：请同学们观察小兔子、小企鹅和小金鱼这三幅图，不管是小兔子、小企鹅还是小金鱼它们都是用什么方法计算的？

生：都是加法。

师：可是这幅图是说小兔子的事，这幅是说小企鹅的事，这幅又是说小金鱼的事，明明都是不同的事，为什么都可以用加法计算呢？

生：因为它们都是求一共有几只，求一共有多少就用加法计算。

师：没错！当我们已经知道两部分的信息，求一共有多少我们就用加法。

【思考】从片段一到片段四，其实学生已经完整经历了三次用加法解决问题的过程，脑海中也有大致的印象，但这个印象其实还是不够明确、清晰和牢固。所以在学生做完三道题后，设计了"说说为什么都用加法计算"的环节，让学生通过观察和分析三幅不同的图，排除情境图中不相关的因素，用自己的语言归纳概括出加法解决问题的本质：知道两部分的信息，求两部分合起来一共是多少就用加法计算。在对比探究中，进一步促进数学模型的构建。

为了让学生进一步内化所学的知识，这节课的课后作业便是让学生模仿课本中的情境图，自己设计一幅用加法解决的数学问题示意图，要求能清晰明了地让大家看清楚信息和问题是什么，并列算式解答。学生设计示意图的过程，便是帮助学生形成"运用经验—发散思维—内化提升"的再学习过程，进一步促进加法解决问题模型的深化，让"四能"培养落地生根。

纵观整节课，让学生从课本例题的情境图发现问题，通过问题驱动，借助多元表征的方式，分析和解决问题，初步感知数学模型；再通过反思总结和练习，在回顾总结和知识迁移中凸显模型；最后在应用拓展、对比观察中探究模型的本质，让学生经历数学建模的全过程，循序渐进地完成了由原型（情境图）到模型的构建。通过经历"情境创设—问题驱动—分析解决—反思总结—应用拓展"的五个环节，让学生形成初步的模型意识，使学生的"四能"获得发展，进一步促进学科核心素养的发展。

基于"三线五环"，促进能力发展

——以"求一个数比另一个数多（少）几"为例

南宁市月湾路小学　莫雨彤

解决问题能力是学生数学素养的重要标志，小学低年段学生可塑性强，是培养数学学习能力的好时机。那么，基于"三线五环"小学数学解决问题教学模式下，我们该如何培养低年级学生的数学学习能力呢？

下面，以《数学一年级下册》"求一个数比另一个数多（少）几"为例，谈谈教学的实践与思考。

一、知道了什么——培养学生发现和提出问题的能力

在教学解决问题课型时，有些教师对教学本质把握不当，对教学线索把握不清，往往急于让学生直接根据问题列算式求结果，与"计算课"混为一谈，导致部分学生在"比多少"的学习过程中出现"见多就加，见少就减"的现象。

低年级学生活泼好动、精力旺盛，他们的思维以具体形象思维为主，注意力不稳定、不持久。在进行本课教学时，我创设学生喜闻乐见的班级"作业评比"情景图吸引学生，先用生动的语言描述作业评比的情况"这是老师收集同学们优秀作业评比获得的红花数，现在我们一起比一比这些同学获得的红花数！"，吸引学生看图进入"评比"氛围。随后提出"根据这些信息你能提出什么数学问题？"学生热情高涨，提出了"天天和夏豪一共得了多少朵红花？""天天比夏豪少得几朵红花？"，进而引出首先需

要解决的问题"夏豪比天天多得几朵红花?"(见图1)。

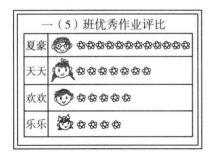

图 1

基于"三线五环"小学数学解决问题教学模式下,在教学解决问题课型时,教师应当先根据学生的年龄特征,以图画、对话、图表和文字等多种形式相结合创设生活化的问题情境。虽然在创设的开放情境中,学生发现和提出的问题是丰富多样的,但是教师要肯定学生提出的众多问题,再根据教学内容选择一些关键问题在课堂上分析解决。通过生活化的问题情境创设,调动学生已有的知识经验,促使学生在情境中观察与思考,从而培养学生发现问题和提出问题的数学学习能力,激发学生解决问题的兴趣。

二、怎样解答——培养学生分析问题的能力

1. 勤画图、展思维——培养学生利用画图表征建构数学模型的能力。

分析问题和解决问题的能力是"四能"的关键与核心。在"三线五环"教学中,"怎样解答"环节同样是教学的关键与核心。在一年级的解决问题学习中,本课是学生认识减法现实意义的一次扩展,从原来的已知整体与其中的一部分、求另一部分用减法计算,到现在的比较两个量相差多少用减法计算,对学生来说有一定的困难。在本课情境中,学生提的问题都是纯文字,没有图示,比较抽象。因此教师要把握好解决问题教学的本质和价值追求,要有意识地培养学生借助画图来分析数量关系,以下这些作品都是学生在课堂中通过画图分析问题的思维痕迹。

【镜头一】

师:夏豪获得了12朵红花,天天获得了7朵红花,夏豪比天天多得几朵红花?该怎样思考?你想用什么图形表示夏豪和天天获得的红花?把

你的想法画出来，比一比看谁画得让人一目了然。

学生活动：先独立完成，同桌交流（以下是一些学生的画，见图2）。

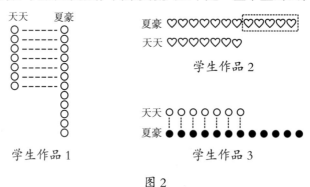

图 2

师：以上这些作品都可以把夏豪获得的红花数分成哪两部分？分别是多少？

引导学生表述：把 12 朵红花分成两部分，一部分是和天天同样多的 7 朵红花，另一部分是比天天多得的 5 朵红花（见图3）。学生边汇报，教师边引导学生分一分（画虚线），并指一指这两部分。

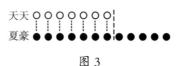

图 3

师：要求夏豪比天天多得几朵红花？该怎样列式？

引导学生表述：要求夏豪比天天多得几朵红花，就是从 12 朵红花里面去掉和天天同样多的 7 朵红花，列示为 12-7=5（朵）。

师：谁能说一说，这里的 12、7 和 5 分别表示什么。你能在图3找出它们分别在哪里吗？

学生畅所欲言。

学生借助画图展示思维的过程中，不仅能将自己完整的想法清晰地表达出来，还通过画图感悟到画图能使隐藏的数量关系显性化，把复杂的数学问题变得简明、形象。在"三线五环"小学数学解决问题教学模式下，教师应指导学生借助画图来表达题目中的数量关系，通过语言表征、图形表征和符号表征之间的互相转化，培养学生从小养成自觉画图解题的意识，进而从小养成分析问题和解决问题的能力。

2. 说图意、释操作——培养学生规范表达的能力。

"夏豪比天天多得几朵红花?"是本节课的重点,而"天天比夏豪少得几朵红花?"是本节课的难点。在前面已让学生充分理解"谁比谁多几?"的数量关系与算法算理,靠近学生最近学习发展区,接着让学生借助"图",把画与说、看与说、想与说有机地结合起来,解决"天天比夏豪少得几朵红花?"。

【镜头二】

师:通过刚才的学习,我们知道了夏豪比天天多得 5 朵红花,那么天天比夏豪少得几朵红花呢? 谁能结合图 4 来说一说。

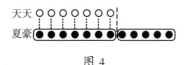

图 4

生:可以把夏豪获得的红花数分为两部分,一部分是和天天对照的一样多的部分。

师:和天天对照的一样多的部分,用规范的数学语言叫做一一对应,表示同样多的部分。谁能规范地来说一说这部分表示什么?(指名两三位学生说)

师:这部分呢?

生:少出来的。

师:要把话说完整,谁比谁少的部分?(指名两三位学生说)

引导学生规范表达:天天比夏豪少的部分。

师:要求天天比夏豪少得几朵红花? 该怎样列式?

引导学生表述:要求天天比夏豪少得几朵红花,就是从 12 朵红花里面去掉和天天同样多的 7 朵红花,列式为 12-7=5(朵)。

师:为什么用减法计算? 12、7 、5 分别表示什么意思?

学生畅所欲言。

在回答时学生可能会出现口头禅或表述不规范的现象,教师应引导学生进行分析,找出错误所在,使得表述完整、准确,进而在解决问题的过程中逐步让学生学会简洁、完整、规范地表达想法,提高规范表达的数学学习能力。

3. 听完整、会总结——培养学生善于倾听的能力。

在课堂上提高学习效率的重要途径就是学会认真倾听。低年级学生年龄小，自控能力差，常常管不住自己。我常常向学生提出要求：比一比谁最认真倾听他人发言，看一看谁不仅听懂了别人的发言，还能加进自己的想法进行总结发言，进而提高学生从小养成善于倾听的习惯。

【镜头三】

让学生将前两道题进行对比。

一（5）班优秀作业评比

夏豪	
天天	
欢欢	
乐乐	

（1）夏豪获得了 12 朵红花，天天获得了 7 朵红花，夏豪比天天多得几朵红花？

$$12-7=5（朵）$$

（2）夏豪获得了 12 朵红花，天天获得了 7 朵红花，天天比夏豪少得几朵红花？

$$12-7=5（朵）$$

师：这两道题有什么相同点和不同点呢？为什么问题不同，解决的方法却相同呢？

引导学生再次思考与交流，在交流过程中不断总结完善感悟，避免学生思维流于表面现象，使之建构"比多少"减法问题的数学模型。

通过比一比、问一问、说一说，一次次建构"比多少"减法问题的模型，将现实情境抽象为数学问题，增强学生的总结能力和辨析能力，使学生体会"同一个算式，既可以表示一个数比另一个数多几，又可以表示一个数比另一个数少几"，进而深刻理解减法的本质，掌握"求一个数比另一个数多（少）几"的计算方法。

三、解答正确吗——培养学生自觉检查的能力

在解决问题的步骤中，"解答正确吗"这个环节尤为重要。基于"三

线五环"小学数学解决问题教学模式，回顾与反思环节我们要检验的不仅仅是计算结果是否正确，还须引导学生结合文字和图示，回顾整个解决问题的全过程，避免学生只是检查12-7是否等于5。可采用从结果倒推进行检验、运用画图等方法进行检验，使学生积累活动经验，掌握检验的方法，初步形成评价和反思意识，逐渐提高学生自觉检查的能力。

四、应用拓展——培养学生解决问题的能力

学生思维和能力的差异化是客观存在的，为满足不同层次学生的发展，当学生理解数量关系，建构数学模型后，教师还要有计划有目的地精心设计练习题，促使学生灵活运用所学知识解决问题，从小养成善于解决问题的习惯，让"四能"培养落地生根。

【镜头四】

在练习环节中设计韵律操，要求师生根据课件韵律提示做操，连续做几个回合后教师提问。

师：根据刚才的韵律，你们拍了几次手？踩了几下脚？

生：拍了 12 次手，踩了 7 下脚。

师：谁能根据这两个数学信息提出用减法解决的数学问题并列式解答？

学生畅所欲言。

为了激发学生的数学学习兴趣，提升学生数学核心素养。根据学生学情特点，将数学学科与音乐学科相结合，让孩子们结合韵律操，在韵律中感受情境改变、数量不变，感悟数量关系，将所学知识内化和提升，巩固解决比多少的数学问题的思维方法。

【镜头五】

鸭蛋有 25 个，鸡蛋比鸭蛋多 8 个，鹅蛋比鸭蛋少 12 个，鸡蛋有多少个？鹅蛋呢？

鸭蛋25个

鸡蛋

鹅蛋

课堂练习循序渐进，在前面练习的基础上，改变数量，改变情境。通过变式练习，培养学生的数学应用意识，体会数学与生活的联系，让学生经历实物情景—数学问题—解决数学问题—巩固数学模型—解决与应用的过程，让学生巩固求一个数比另一个多（少）几的解题思路，从小养成善于解决问题的习惯，进而不断提升解决问题的能力。

　　培养学生良好的数学能力不是一蹴而就的，必须将其贯穿于长期的数学教学实践中。作为一名小学数学教师，在"三线五环"小学数学解决问题教学模式下，要在数学课堂上关注每个细节，在每节课中努力地提高学生数学学习能力，让学生搭载数学学习能力这艘帆船，乘风破浪，一路远航！

呈多元策略，抓问题本质，促能力发展

——"减去相同数解决问题"课例研究

南宁市滨湖路小学　曾　艳

众所周知，解决问题教学贯穿小学数学教学的全过程，是培养学生"四能"（发现问题和提出问题的能力、分析问题和解决问题的能力）的重要载体，对学生数学思维能力、应用意识、创新意识的发展起着举足轻重的作用。然而，一线教学中仍然存在不少的问题，突出表现为：教师放手让学生自主探寻不同的问题解决策略和呈现不同的解题过程后，往往对其所生成的课堂资源不知如何筛选利用，导致前功尽弃，教学难有实质性突破。为此，我所在的教研组在特级教师、正高级教师梁晓红的指导下，运用基于"四能"培养的"三线五环"小学数学解决问题教学模式的教学成果，尝试以人教版《数学一年级下册》第六单元例5"减去相同数解决问题"这一课例为载体（例题：28个橘子，9个装一袋，可以装满几袋？），聚焦"呈多元策略，抓问题本质，促能力发展"，展开课例研究，以多样化策略为教学手段，帮助学生架起知识间的桥梁，促进学生对不同策略的本质理解。

在学习例5之前，学生已经掌握了解决问题的一般步骤，学会了同数连加解决问题。该例题是一个让学生学会解决从被减数中减去3个相同数的实际问题，教学重心应是引导学生尝试用之前所掌握的知识和方法解决这一新的问题。教材中出现了画图圈一圈、用箭头符号记录倒着连减两种解题策略，不仅可以帮助学生进一步积累解决问题的经验和策略，还可以为学生以后的除法学习做好铺垫。研读教材后，教研组达成了一个共识：画图圈一圈、用箭头符号记录倒着连减、列表、列算式，这些不同的解题策略虽然呈现为不同的形式，但其实质却是相同的，都蕴含着从总数中减去相同数、能减去几个这样的相同数、还剩几等除法的含义。因此，如何引导学生采用不同的解题策略并沟通策略之间的联系以促进学生对问题本质的理解，成为该主题下课例研究和突破的重难点。

第一次教学：期待中的"百花齐放"没有出现

课堂上，执教教师创设情境导入，接着课件出示课本上的橘子主题图，让学生观察图片并对题意进行自主分析，然后在"挑战卡"（见图1）上写出自己是怎样解决问题的。结果，学生的思路出人意料的一致。

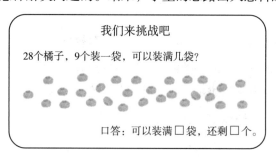

图 1

师：同学们，28个橘子，9个装一袋，可以装满几袋？"装满"是什么意思呀？

生："装满"就是每一袋都装9个，不多一个也不少一个。

师：那就让我们来试一试解决这个问题吧。（学生在"挑战卡"上独立完成解题过程）谁来说说你是怎么解决的？

生1：我用圈一圈的方法，把橘子每9个圈在一起。

生2：我用的也是圈一圈的方法。

师：很不错，还有其他方法吗？（学生没有回应）没有了吗？大家都是用圈一圈的方法吗？

生：是！

本次教学，没有出现预期中的"百花齐放"，几乎所有的学生都用了同一种解题策略，就是在28个橘子上"圈一圈"，圈了3个圈还剩1个，于是就在答案上填下了"可以装满3袋，还剩1个"。问题是，接下来的教学，教师没能在课堂上继续启发学生，引出其他的方法。而这与预期中的"解题策略多样化"相去甚远。

为什么会出现这样的状况？解题策略单一化，会对学生的学习产生怎样的影响？围绕这两个核心问题，我所在的教研组进行了深度反思，从中寻找问题产生的原因和解决的对策。通过纵向分析教材内容、解读学情，大家一致认为：一年级上、下册课本中的很多内容都呈现了"圈一圈"这种解决问题的直观方式，如《数学一年级下册》第二单元的例5、第四单元的例7等，而且"圈一圈"这种方式非常符合一年级学生的年龄特点和认知水平，因此，这是他们最常用的解题策略。这次教学中，出示的课件和"挑战卡"上都呈现了直观的主题图，这很容易让学生习惯性地选择"圈一圈"的方法。找到了问题根源，大家开始思考：如果本节课的教学只用"圈一圈"这一种策略来解决，学生的学习能力和策略性知识肯定都不能得到进一步的培养。因此，问题解决的关键在于激发学生探究的欲望，应对"挑战卡"进行调整，以利于学生充分发散思维，想出更多的解题策略。

第二次教学：多种解题策略的"火花"初步显现

第二次教学，教师把"挑战卡"上的橘子主题图删掉，由原来的"图文结合"呈现方式改成纯文字呈现方式（见图2），教学中重点启发学生用多样化的方法解决问题，比如画图、算一算、列表等。就画图方式而言，有28个橘子，可以让学生先用简单的图形来表征图中的信息，然后再把每9个橘子圈一圈后装袋，从中培养学生的几何直观核心素养。

我们来挑战吧

28个橘子，9个装一袋，可以装满几袋？

口答：可以装满□袋，还剩□个。

图 2

师：瞧，小朋友们正在参加六一儿童节游园活动，他们玩得多开心呀。哎呀，有一名同学在搬运活动奖品时不小心把袋子弄破了，橘子撒了一地！我们能帮忙把这些橘子装起来吗？（课件以文字方式呈现例题）

生：能！

师：大家很有信心啊。你们打算怎样解决这个问题呢？

生1：我想用圈一圈的办法。

师：画图是我们解决问题的好帮手，真好！还有其他方法吗？

生2：我可以用算一算的办法。

师：不错呀！还有吗？（学生表示没有其他方法了）有的同学想用圈一圈的方法，有的同学想用算一算的方法，这些方法都不错。接下来，请大家用这两种方法或者其他你喜欢的方法来解决这个问题吧。

在之后的课堂上，学生尝试自主解决问题。从学习结果来看，学生总共呈现了圈一圈、算一算以及列表解答三种解题策略（见图3），而课本上呈现的以箭头符号记录倒着连减这种解题策略没有出现。

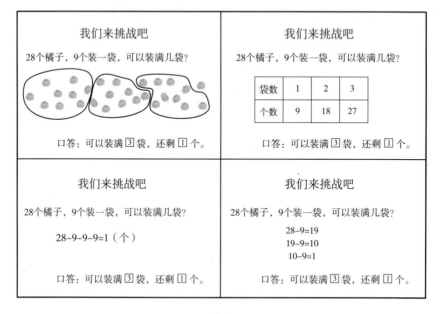

图 3

在上面的教学中，教师为了启发学生产生多样化的解题策略，在情境、素材、问题、评价等方面都进行了调整，初步达到了预期的目标。与此同时，教师也注意到了通过师生、生生的对话交流促进学生对每一种方法的理解。只是在如何沟通这些方法之间的内在联系方面，教师的处理显得不够到位。最值得思考的是，学生没有呈现出用箭头符号记录倒着连减的解题策略，这个策略究竟是否"必要"，其实质意义究竟何在？

在团队教研中，我所在的教研组得出如下结论：这节课承载的一个重要价值，就是给学生搭建由减法到除法过渡的桥梁，以利于学生今后更好地理解除法的意义。如果只用28-9-9-9=1这样的连减算式，无法凸显"连减三次"和"是否减完"的意义；如果换作用箭头记录倒着连减，便可以清晰地展现"把9个装一袋，共装了几袋，剩下的还能不能继续分"的思考过程，而这一过程已经是有意识地把除法的含义渗透其中：如果剩下的还能再装，就要继续装，直到剩下的不够装一袋为止。因此，用箭头符号记录倒着连减的方法还是十分有必要呈现的。教师应努力想办法引导学生加以呈现并理解，以利于学生领悟以上多种方法之间的内在联系，这对学生发现问题解决的本质起着至关重要的作用。

第三次教学：紧扣本质的深度学习

带着调整后的设想，我所在的教研组进行了第三次教学。情境引入和问题设置与第二次教学相同，学生独立解决问题，同样呈现的是画图圈一圈、算一算以及列表解答的解题策略。接下来，教师指着连减算式，进行了下面的"启思"教学。

师：从28里连续减去9，减了几次就说明可以装满几袋。那有没有什么好办法让我们可以清晰地看出是减了几次呢？（卖个关子稍停一下）让我们看着这幅主题图，请一名同学上来当我的"小助手"，跟着老师边圈边写试一试吧。（一名学生上台）28个橘子，每9个装一袋，我们开始装第一袋。（"小助手"配合在黑板的主题图上用圈一圈的方法"分装"，师板书"28 $\xrightarrow{-9}$ 19"）现在还剩多少个？还能继续装吗？

生：还剩19个，可以继续装。

师：我们开始装第2袋。（方法同上，小助手继续圈一圈，师板书"$\xrightarrow{-9}$ 10"）

师：现在还剩多少个？还能继续装吗？为什么？

生1：还剩10个，可以继续装。

生2：因为10比9大。

师：开始装第3袋（小助手继续操作圈一圈，师板书"-9→ 1"）

师：现在还能继续装吗？为什么？

生1：不能继续装了。

生2：因为1比9小，不够装满一袋了。

师：看来呀，箭头记录倒着连减，不仅让我们知道怎么减，而且可以让我们清晰地看出每次剩下的数还能不能再减。真是一个好方法！我们再来观察一下，用箭头记录倒着连减和前面几种方法有什么相同的地方吗？

生1：减一个9就是圈一个圈，跟圈一圈是一样的。

生2：那个减9的算式，也是差不多的，也是一次一次地减9。

师：原来，这些方法呀，都是按9个做一份圈起来或者减出去，只要剩下的数比9多，就可以继续圈或者继续减，直到不能再圈再减为止。这么多好方法，今后大家在解决问题时都可以灵活选用哟。

本次教学，教师用问题引发学生的深度思考，并采用"图式结合"的方式，与学生合作，一人圈一人写，在说、圈、写的多元表征中让学生逐步加深了对"分的过程"以及"用箭头记录倒着连减"方法的理解，把除法的含义渗透其中，并且有效沟通了多种方法之间的内在联系，促进了学生对知识本质的感悟和理解。

本次团队教研，我所在的教研组以"减去相同数解决问题"一课为例，在"呈多元策略，抓问题本质，促能力发展"这一主题上进行了积极的探索，运用画图策略和列表策略，通过学生感知、尝试、自觉再到教师点拨、引导，再整理沟通了圈一圈、算一算、列表及用箭头记录倒着连减方法之间的关系，获得了良好的成效，最终荣获2019年南宁市小学数学教师教学技能暨团队教研比赛一等奖。它启示我们：常态教研，研无止境。低年级的数学知识和学习策略教学看似简单，但仍需教师潜心研读教材，善于抓住问题的本质，在教学中切实帮助学生拓展思维、积累多样化的问题解决策略，并加深学生对多种问题解决策略及其内在联系的理解，促进学生对数学本质的领悟。团队教研则是一种"结伴行远"的力量，依托专业名师的专业支撑，可以让一线教师的专业成长悄然发生、持续不断。

聚焦画图策略，发展分析问题能力，培养核心素养

——一课研究之"求一个数是另一个数的几倍"

南宁市东葛路小学　黎　莹

一、研究背景

每一个数学学习内容都有培养相关核心素养的作用，如解决问题板块的教学内容，问题情境贴近现实，引导学生发现问题、提出问题，让学生学会用数学的眼光观察现实世界；程序化的解决问题步骤，引导学生分析问题、解决问题，让学生会用数学思维思考现实世界；用数学方法解决问题，让学生会用数学语言表达现实世界。在解决问题中，发展学生"四能"，能有效培养学生核心素养。

解决问题的关键环节是"分析与解答"，在分析问题、解决问题过程中，往往将解决问题策略摆在首要位置。画图策略是将抽象的数学概念、数量关系形象化、简单化，给人以直觉的启示，有助于探索解决问题的思路，成为小学阶段解决问题常用策略之一。如何在教学过程中，利用画图策略，发展学生分析和解决问题能力，培养核心素养，是我们要研究的问题，下面以人教版《数学三年级上册》第五单元例2"解决'求一个数是另一个数的几倍'的问题"一课为例进行研究（例题：教室里扫地的有4人，擦桌椅的有12人。擦桌椅的人数是扫地的几倍？）。

（一）对课本的深入解读

"解决'求一个数是另一个数的几倍'的问题"是人教版《数学三年级上册》第五单元"倍的认识"例2的教学内容。本课在学生掌握乘除法

知识和"倍"的概念的基础上进行教学，目的是通过运用"倍"的含义解决问题，深化学生对"倍"概念的理解，为以后学习分数、百分数、比等知识做好铺垫。

例题在"分析与解答"环节，提供了"画示意图"和"列除法算式"两种解决问题的方法，在体现解决问题方法的多样性的同时，让学生意识到画图分析理解数量关系是解决问题的一种重要策略，为提高学生分析和解决问题的能力创造了条件。

（二）对学情的深入分析

学生在对例1的学习中，先后从乘法（几个几，一个数的几倍）和除法（一个量里包含了几个另一个量）的角度对"倍"的概念有了初步的认识和理解，能够通过圈一圈、数一数的方式，解决一些和倍有关的简单问题，为运用"倍"的知识解决"求一个数是另一个数的几倍"的实际问题做了铺垫。

学生学习"倍的认识"时，感到困难的主要有以下两点：1. 在日常用语中，说到"倍"，仿佛就是增加、扩大，因此，学生一看到"倍"就相乘。2. "倍"是"加法结构"到"乘法结构"的过渡，是研究两个量之间倍比关系的起步，学习内容超出了学生现有的认知结构。生活与数学的差异、认知结构的限制，导致以形象思维为主的三年级学生较难感悟、理解"求一个数是另一个数的几倍用除法计算"的数学模型。

二、对课堂教学的实践与思考

通过以上对课本和学生学习情况的深入分析，结合画图策略的优势，我把教学目标定为：1. 能解决"求一个数是另一个数的几倍"的实际问题，在解决问题过程中培养几何直观，渗透模型思想。2. 培养学生分析问题和解决问题的能力，感受数学与生活实际的问题。教学重点为进一步理解"倍"的含义，初步学会运用"倍"的含义解决"求一个数是另一个数的几倍"的实际问题。教学难点为学会分析"求一个数是另一个数的几倍"的数量关系。

第一次教学

教学过程（部分）

....

（课件出示情境图）

师：同学们都很热爱劳动。国庆节准备到了，同学们都在打扫教室呢！看到图中的信息，你能提出什么问题？

生：擦桌椅的人数是扫地的几倍？

师：这是一个很有意思的问题，我们来研究解决和倍有关的问题（板书：解决问题）。

（一）阅读与理解

师：我们要解决问题时，首先要干什么？

生：阅读与理解。

师：通过阅读你知道了什么？

生：擦桌椅 12 人，扫地 4 人。

师：要解决的是什么问题？

生：擦桌椅的人数是扫地的几倍？

（二）分析与解答

环节一：独立思考

师：我们在这幅图里查找到了信息和问题，该如何解决呢？请同学们先独立思考，再进行小组内交流，最后我们再进行全班交流。

环节二：交流反馈

师：谁来说说自己的解法。（展示两位同学的作品）

生：我是这样想的，用○表示人。12 个○表示擦桌子的 12 人，4 个○表示扫地的 4 人，每 4 个做一组，12 里面有 3 个 4。

生：我是这样想的，用△表示人。12 个△表示擦桌子的 12 人，4 个△表示扫地的 4 人，每 4 个做一组，12 里面有 3 个 4。

环节三：对比总结

师：他们画的图形都不一样，但是都表示 12 里面有几个 4？（板书）看来呀，大家用除法来做，是有道理的！

师：12 表示什么呢？

生：擦桌椅的有 12 人。

师：4 表示什么呢？

生：扫地的有 4 人。

师：3 表示什么呢？

生：擦桌椅的人数是扫地的 3 倍。

师：3 倍的这个倍，要不要像单位一样写出来呢？

师："倍"表示的是两个数量之间的关系，它不是单位名称，不用写。

环节四：回顾与反思

师：我们列式解答之后，为确保计算正确，我们还需要做什么呢？

生：检查。

师：对！检查就是回顾和反思我们的解题过程，看过程是否符合题目要求。谁来说一说你是怎样检查的呢？

……

三、反思及改进

课后，我们对教学过程进行了深入的反思，反思的点主要聚焦在培养学生采用画图策略分析解决实际问题的能力是否有效落地。

在教学过程中，首先创设情景，引起学生探究的兴趣，接着让学生独立探究、交流反馈、对比总结，结合图示，理解算式各部分的含义，沟通图示和算式的联系，让学生经历发现问题、提出问题、分析问题、解决问题的全过程，建立"求一个数是另一个数的几倍用除法计算"的数学模型，最后进行巩固应用。课堂教学思路清晰，但教学难点得到有效突破了吗？是否有效培养了学生画图分析数量关系的能力？带着这样的问题，我们对"分析与解答"教学环节进行了进一步的分析。

在"分析与解答"环节的教学过程中，虽然有引导学生根据题意画图，但没有突出为什么借助画图分析数量关系，亦没有突出借助画图分析数量关系的优点有哪些，只是为了画图而画图。学生在学习之后，感悟不到画图策略在分析、理解数量关系上的优势，部分学生对"求一个数是另一个数的几倍用除法计算"的数学模型还停留在表面认识。

如何借助画图策略，发展学生分析理解数学的能力，培养学生直观几何意识，发展学生核心素养？结合第一次教学实践过程，我们对教学设计进行改进，并在另一个班进行教学实践。

第二次教学

教学过程（部分）：

（一）以拍手游戏复习导入

师：孩子们，喜欢玩游戏吗？

生：喜欢！

师：我们一起来玩一个拍手的游戏。请仔细听。"哒哒"，几下？

生：两下。

师：谁来拍3个两下，并且能拍得让人一听，就知道是3个两下。

生：两下两下拍。

师：两下做一组，拍了三组，让我们很清楚地听出是拍了3个两下。好！我们也像刚才那位同学一样，两下做一组，清楚地拍一拍。

师：哎？你们拍的次数和老师拍的次数有什么关系？

生：我们拍的是老师的3倍。

师：同意吗？

生：同意！

师：一个拍手游戏，大家就能用倍来表示它们的关系，真棒！今天我们就在这种好状态下继续学习！

（二）创设情境，探究新知

1.阅读与理解

师：请看，这是哪？（教室情境图）

生：教室。

师：对呀！同学们正在教室打扫卫生呢！你能发现什么数学信息和问题？谁能完整地说一说？

生：擦桌椅的有12人，扫地的有4人，擦桌椅的人数是扫地的几倍？

师：说得真完整！表扬你为你们组夺得一颗智慧星。在接下来的学习里，每一位同学都可以通过自己的努力，为自己的小组赢得奖励。

2.分析与解答

师：我们通过阅读，理解了图中的信息和问题，那么，接下来该做什么呢？

生：分析与解答。

师：怎样分析与解答这个问题呢？

生1：可以通过画示意图分析数量关系。

生2：擦桌椅的有12人，扫地的有4人，要求擦桌椅的人数是扫地的几倍？就是求12里面有几个4。

师：你们同意这两位同学的方法吗？

生：同意！

师：对！示意图可以帮助我们把不那么容易理解的数量关系清晰、形象地表示出来，是帮助我们分析数量关系、解决问题的好帮手！请同学们打开课本第51页，小组内讨论、交流如何解决问题，并在白纸上用白板笔将你们小组的想法记录下来。比一比看哪一个小组能又快又好地完成任务，争取得到智慧星。好！现在开始小组合作交流。

师：哪个小组愿意到台上分享，说一说你们是怎么想、怎么做的？

小组1：我用4个〇来表示扫地的4人，用12个〇来表示擦桌椅的12人，然后通过圈一圈的方法，看擦桌椅的12人里有几个4，12里面有3个4，所以擦桌椅的人数是扫地的3倍。

师：你们同意这一小组的想法吗？

生：同意！

师：你们小组的同学还有补充吗？

生：没有！

师：谢谢你们！掌声送给他们！还有哪一个小组愿意到台上来展示你们组的想法的？

小组2：我用4个△来表示扫地的4人，用12个△来表示擦桌椅的12人，然后通过圈一圈的方法，看擦桌椅的12人里有几个4，12里面有3个4，所以擦桌椅的人数是扫地的3倍。

师：这样的想法行吗？

生：行！

师：掌声送给这个小组的同学们！还有哪一个小组到台上来说一说你们组的想法？

小组3：我用4颗☆来表示扫地的4人，用12颗☆来表示擦桌椅的12人，然后通过圈一圈的方法，看擦桌椅的12人里有几个4，12里面有3

个 4，所以擦桌椅的人数是扫地的 3 倍。

师：（结合示意图进行讲解）对比这 3 个小组解决问题的过程，他们有什么不同和相同的地方？

生：不同的地方是画图的形状不同，相同的是都是表示 12 里面有 3 个 4。

师：能够发现不同图形中表示相同的数量关系，没有被外形所迷惑，这位同学真能干！

师：看帮助解决问题的示意图和算式解答过程，我们知道 12 是 4 的几倍，其实就是求什么呢？

生：12 里面有几个 4。

师：对！那可以用什么方法来计算呢？

生：除法。

师：为什么用除法？

生：要求擦桌椅的 12 人是扫地的 4 人的几倍，实际上就是求 12 里面有几个 4，求一个数里面有几个几可以用除法来计算！

师：是的！求擦桌椅的人数是扫地的几倍？实际上就是求 12 里面有几个 4，实际就是求一个数里有几个几，像这样的问题，我们可以用除法方法来解决计算。求擦桌椅的 12 人是扫地的 4 人的几倍，这里的“倍”不是单位名称，而是表示两种数量之间的关系，所以在结果中不写“倍”。

3. 回顾与反思

师：我们列式解答之后，为确保计算正确，我们还需要做什么呢？

生：回顾与反思。

师：对！回顾和反思我们的解题过程，检查看是否符合题目要求。谁来说一说你是怎样回顾与反思的呢？

生：3 乘 4 等于 12。

…………

四、收获与感想

通过对这一节课的深入研究，有了较多的收获和感想。

（一）对学生的影响

1. 掌握画图策略，提高学习数学的兴趣。

"兴趣是最好的老师"，对于三年级的学生来说，画画是一件很有趣的事情。让学生通过画示意图分析数量关系去解决问题，更符合小学生的认知特点。在数学教学中，让学生用自己喜欢的图形按照题意画一画，加深了对题意的理解，学会用数学的眼光观察世界，同时将抽象的数量关系变得更加直观、清晰，掌握解决问题的策略，提高学习能力，体验到学习数学带来的成就，促进学生兴趣发展。

2. 提高学生解决问题的能力，促进学生数学核心素养的发展。

根据题意画示意图，可以将复杂的数量关系直观化，使学生更容易理解数量关系。学生通过画图掌握解决问题的策略，在遇到其他问题时，能采用有效策略解决问题，促进数学思维能力的发展。

（二）对教师的影响

1. 促进教学能力的发展。

在研究的过程中，课前，深入钻研教材，分析学情，制订教学方式方法，设计教学方案；课中，给学生提供展现的舞台，对能自己根据题意画图分析理解数量关系的学生，让其自己尝试着画一画，对不能自己画的学生，鼓励其向同伴学习，吸取同伴画图分析理解题意的经验或对其进行及时的指导；课后，收集材料进行分析与归纳。通过一课研究，我们对教材的编写意图有了进一步的了解，对教学内容前后的联系以及在教学过程中如何突破教学重难点有了更多的认识，教学能力得到了进一步的提升。

2. 提高对解决问题的教学设计能力。

在备课、试教，再备课、再试教的过程中，结合学生的课堂表现和作业情况，我们在解决问题的教学上，形成了以下认识：数学思考是一个连贯的过程，解决问题的教学必须要让学生经历阅读与理解、分析与解答、回顾与反思的过程，让学生形成一个整体的认识。分析与解答，是解决问题的关键，而这也是学生学习的难点。在进行教学设计时，教师应更关注这一环节的教学设计与实施，引导学生学会学习。让学生不仅会解决问题，而且掌握思考的方式、解题策略。

聚焦画图策略培养，促进学生能力发展

——"求一个数的几倍是多少"教学实践与思考

南宁市百花岭路小学　毛林丹

一、课前探寻

《义务教育数学课程标准（2022 年版）》明确指出：义务教育数学课程应使学生通过数学的学习，形成和发展面向未来社会和个人发展所需要的核心素养。"几何直观"是数学核心素养的主要表现，其内涵主要是指利用图形描述和分析问题。小学数学注重培养学生解决问题的能力，既满足了学科教育发展的需求，又提供了学生成长的必要途径。人教版教材十分注重让学生感受几何直观的价值，并有目的、有计划地教给学生利用图形描述和分析数学问题的方法。依据学段的不同，按照实物图—色条图—线段图的层次不断递进。如何在教学中运用画图策略促进学生能力发展？文章将以"求一个数的几倍是多少"为例（例题：跳棋的价钱是 8 元，象棋的价钱是跳棋的 3 倍。象棋的价钱是多少元？），谈谈具体的实践与思考。

"求一个数的几倍是多少"是人教版《数学三年级上册》第五单元例3 的内容，属于"数与代数"领域的解决问题课型，对于三年级学生而言，还是一个比较抽象的知识。尽管学生对倍的概念有了一定的认识，知道"1 份量"（标准量）和"比较量"的关系，但这些数学语言远没有"几个几"容易理解。本课重在用画线段图分析数量关系的策略解决实际问题，把研究"对象"抽象成为"图形"，再把"对象之间的关系"转化为"图形之间的关系"，把研究的问题转化为"图形的数量或位置关系"的问题进行思考分析，便于学生在比较和抽象中构建解决此类问题的数学模型。

二、课堂实践

本课是学生学习线段图的起始课，承载着引导学生用线段图分析数量关系解决实际问题的重要价值。在本节课学习之前，学生已经积累了一定的画图经验，他们在一、二年级的学习中，大量使用过实物图、示意图、色条图等来表征、分析简单的数量关系。而本课是学生第一次接触线段图，为在学生画图意识及策略的培养上有所突破，我有如下思考。

思考一：如何引导学生感知线段图的简洁性和实用性？

在复习旧知、创设情境环节，通过学生的活动，可以看出学生画示意图意识比较高。从示意图转变到线段图，有必要先让学生体验线段图的简洁性。学生只有真切感受到线段图的优势——简洁，在用画图策略解决问题时才会选择使用线段图。为此，我用这样的构思"自主画图—对比反馈—小结优化"，力图在对比观察中凸显线段图的简洁性。

师：你能用图将题中的条件和问题一一表示出来吗？

学生独立画图并反馈。

生1：我用8个○表示跳棋的价钱8元，再画4组这样的○表示跳棋的价格（见图1）。

生2：我和他的有点不一样，我是用8个▲来表示。

师：同学们都用自己的方式表示题目的意思。老师是这样画的（课件出示色条图，见图2），你能看得懂吗？

生：老师用一个长方形来表示跳棋的价钱8元，再用4个长方形表示8的4倍。

师：这幅图你还能看懂吗？（课件出示线段图，见图3）

生：用1条线段表示8元，再用4条线段表示8的4倍。

师：同样都是用图来表示，你更喜欢哪一种，为什么？

生1：我喜欢第一种，看得很清楚。

生2：我喜欢第二种，比较简单些。

跳棋的价钱是8元，象棋的价钱是跳棋的4倍。象棋的价钱是
多少元？

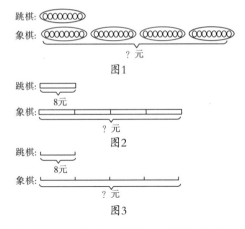

（大多数学生选择示意图，只有少部分学生选择色条图和线段图）

三种图的横向对比，学生视觉上觉得线段图确实简单多了，但解决问题时还停留在示意图更清晰的层次。学生感受不到线段图在表示数量关系时的优势，线段图成了强加给学生的一种机械工具。

在学生画图解决问题环节，大部分学生弃线段图画示意图，他们觉得画示意图更好看、更容易解决问题。课后我对学生进行了追踪采访。

师：你为什么不画线段图，还画圆圈？

生：画圆圈看得更容易。

师：你的容易是什么意思？

生：更好看、更容易解决问题。

生：画圆圈一眼就看出了。

通过研究分析，"更好看更好解决问题"，是学生在示意图中能看到具体的量，而线段图过于抽象，空间思维、逻辑思维比较弱的学生，只看到一条条线段，看不到每条线段中的量，导致与题意脱节，觉得线段图简洁，但不如示意图清晰明了，不实用。线段图空有表面的简洁，失去了解决问题的实用性，学生无法沟通具体实物数量与抽象线段数据之间的本质联系。因此我们进行了第二次试教，利用多媒体技术，以色条图为中介，通过动态叠加、压缩的方式，从示意图逐步渐变到线段图，让学生在具体感知中了解线段图的由来，使学生对线段图的产生和意义有了本源性认识。

学生尝试画图并列式解答，有序地反馈交流。

师：谁能看得懂他的作品（见图4）？

　　　跳棋的价钱是8元，象棋的价钱是跳棋的4倍，象棋的价钱
是多少元？

（先画一画，表示出题目的信息和问题，再解答。）

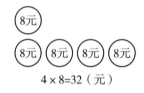

跳棋　○○○○○○○○
　　　　　　8元
象棋　○○○○○○○○ ○○○○○○○○ ○○○○○○○○ ○○○○○○○○
　　　　　　　　　　　　　　?

4×8=32（元）

答：象棋的价钱是32元。

图4

生：他先画8个○表示跳棋的价格，再画4组8个○来表示象棋的价
格是跳棋的4倍，然后在下面用大括号和问号表示问题，最后用列式来得
出答案。

师：你是这个意思吗？（生：是）你的图是能清楚地表示题目的意思，
那怎么能说明8×4是有道理的呢？

生：象棋的价格就是4个8，可以用4个8相加，也可以用8×4来解决。

师：哪里有4个8，你能上来指一指吗？（指名学生上台）

师：哦，象棋的价格就是把这些圆圈合起来，从图中我们可以看出象
棋的价格就是求4个8是多少，你的图能说明8×4是有道理的。

师：这样画图很好，我们学数学就要学会简洁。8元用8个○来表示，
还有没有更简洁一些的呢？

师：谁能看得懂他的作品（见图5）？

　　　跳棋的价钱是8元，象棋的价钱是跳棋的4倍，象棋的价钱
是多少元？

（先画一画，表示出题目的信息和问题，再解答。）

（8元）

（8元）（8元）（8元）（8元）

4×8=32（元）

图5

生：他用一个大圆就表示8元，用4个大圆表示8的4倍。我建议他

在每一行前写上是谁的价钱，并且加上问题。

师：你的建议特别好。现在他的这个图能表示题目的意思吗？（能）

师：用一个○就能表示跳棋的价格8元，象棋的价钱是跳棋的4倍，就画这样的4份，可行吧？

生：可行。

师：除了可以用一个○表示8元，其他图形可以吗？

生（齐）：可以。

师：长方形可以吗？（生：可以）以前我们是有过这个经验的，我们可以用一个色条来表示8元，（课件演示）象棋是跳棋的4倍该怎么表示？

生：画4条跟上面一样的色条。

师：那你们来数，老师来画，看画够4倍了吗？

课件动态演示。

生（齐）：1倍，2倍，3倍，4倍。

师：8元可以用8个圆圈来表示，也可以用一个色条来表示，你们觉得怎么样？

生：简单多了。

师：8元用一个色条来表示，大家觉得简单多了，想一想，还能不能再简单些？

生：可以直接用一条线段来表示。

师：你认识线段吗？线段长啥样？

生：一条直的线有两个端点。

师：我们一起来看色条是怎么变成线段的。

课件动态演示。

师：我们把色条画窄一些，再窄一些，就得到了什么？

生（齐）：线段。

师：用线段来表示题目中的数量关系的图形就叫线段图。我们把它读一读。

生（齐）：线段图。

师：同学们，刚才我们用8个圆圈表示8元，到用一个长方形的色条来表示，再到用一条线段来表示，你们感觉怎么样？

生：越来越简单、简洁了。

通过动画演示，在具体的示意图上进行叠加更替，学生清晰看到线段背后是 8 个圆圈，是 8 元的意思，从而使文图表征之间进行了沟通。这样的进阶，顺应了儿童的思维规律，符合学生的发展水平，让学生经历从具体到半抽象再到抽象的过程，在动态对比过程中，初步感悟到用线段图来表示数量关系比其他图有优越性——更简洁，这样的叠加方式还让学生看到了线段图背后的具体"量"，为后续学生在解决问题时能主动地画线段图分析数量关系打下基础，体现线段图的实用性。

思考二：如何引导学生规范画图？

《义务教育数学课程标准（2022 年版）》中指出："注重信息技术与数学教学的融合。教师可以利用信息技术对文本、图像、声音、动画等进行综合处理，丰富教学场景，激发学生学习数学的兴趣和探究新知的欲望。"因此，我们借助希沃白板以"微课"方式来进行教学画线段图，力图让学生在声音、图像、文字、动画等多重感官刺激下了解、掌握线段图的画法。

课上学生听得津津有味，看得两眼发光，被"微课"深深吸引了，感觉他们"听懂了""学会了"。但放手让他们自己画一画时，不规范的线段图层出不穷，每段线段长短不一，左边起始边也不对齐，两条线段并排着画，每条线段断开。还有的学生是先解决问题再随便补图，使得"文一图一式"脱节。

我再次思考：本课是学生学习线段图的起始课，学生第一次画线段图，"微课"的快速、标准示范是否弱化了对学生的知识掌握和技能培养的信息反馈。于是我尝试放慢教学速度，弃多媒体课件辅助，改师生互动"慢慢"画图，重视教师的讲解和启发，遵循学生的学习、思维规律，遵循"以学为中心"，充分发挥学生学习的主动性。

师：那你们想知道这么简洁的线段图是怎么画出来的吗？（生：想）老师跟着大家一起来画，你们来说，老师来画。我们先画什么？

生：因为是象棋跟跳棋比，所以先画跳棋的价格。

师：先画"跳棋"，跳棋的 8 元该怎么表示？

生：用一条线段表示。

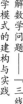

师：（画一条线段）这一段表示几元？（生：8元）可以用一个大括号来表示8元。

师：接下来画什么？

生：象棋的价格。

师：象棋的价格是跳棋的4倍，该怎么画？

生：画4条和上面一样长的线段。

师：你这个词用得很好，和上面一样长的线段。为什么要一样呢？

生：因为都表示8元。

师：为了方便比较，我们画的时候左端对齐开始画。老师一边画，你们一边数，看老师画够4倍了吗？

生：1倍，2倍，3倍，4倍。

师：4倍就画这样连续的4段。这一段表示什么意思？

生：表示象棋的价格。

师：正是我们要解决的问题，可以用一个大括号加问号表示。看明白了吗？

生：明白。用一条线段表示跳棋的价格8元，再左端对齐，画和上面一样长的连续4段表示象棋的价格，最后用大括号标出问题。

师：你们想不想也来画一幅线段图？想一想先画什么，再画什么，需要注意些什么？

学生自主画线段图，然后和同桌指一指、说一说线段图中的信息和问题。

师：你们能在线段图中看到题目中的信息和问题吗？它们在哪？谁能上来指一指、说一说。

学生上台一边指一边说。

师：那你们能在线段图中看到算式中的8和4吗？（生：能）它们在哪儿？表示什么意思？

学生上台一边指一边说。

生：8表示一条线段，4表示4条线段。

师：从图中我们可以看出，要解决象棋的价格，就是解决什么问题？

生：4个8是多少。

师：线段图能清晰、简洁地表示题目中的信息和问题，又能帮助我们知道 8×4 是对的。小线段，大用处，是我们解决问题的好帮手！

线段图是解决问题的好帮手，学生画对图，是其用好图的前提。教师通过问题导向"先画什么？再画什么？需要注意些什么？"调动学生各个感官，每一步由学生说明白了老师才动笔在黑板上画。学生在"慢慢"交流中，不仅看懂了线段图的画法，还了解线段图的由来，掌握其中的细节，而且也因为更了解线段图，所以画得更规范。

画图不是教学的主要目的。这种示范作用突出了学生掌握知识和技能的效果，教师的引导提示，帮助提高学生的思维。学生在动脑、动口、动手的"三动"过程中，逐步学会画线段图，同时在师生互动交流中，进一步进行了文图辩证结合，学生读图、画图、用图能力三效合一，实现单一化目标向多维度多元化发展，为学生会用线段图分析数量关系解决实际问题打下基础。

三、研究新启示与思考

通过研究，我又获得了新的启发：如何让学生在思考的过程中产生画图的需要，在自己画图的活动中体会方法、感悟策略、发展思维、获得思想。

1. 如何让学生在思考的过程中产生画图的需要。

解决问题的策略多种多样，画图是其中一种最基本的策略。小学生画图策略的形成是一个漫长的过程，非一日之功。在实际的教学中，学生很难主动地去画图。如"4 个 8 是多少"这么一个简单的问题，即便不画图，学生也能解决。可是我们为什么还要去研究它？一般来说，对于第一学段学生来说，解决一步问题不需要画线段图，但解决两步计算以上的实际问题，或者比较复杂的问题时，比如"几倍求和""求一个数比另一个数多或少几百分之几"等，对于逻辑思维不强的学生常常需要借助图示来理解和分析数量关系。我们可以让学生在阅读和理解已知条件与所求问题的含义时介入线段图，在分析数量关系时利用线段图，从而让学生逐步产生对线段图的内在需要。画图策略的培养，需要在一节一节日常的课中去落实，让学生体验到画图策略的重要性。如低年级可从实际演示、操作活动中渗透画图策略；中、高年级可从模拟演示、画图示意及抽象的线段图中体现画图策略。

2. 如何使学生感受线段图的价值。

画线段图不是教学目的，通过画线段图使学生能直观地理解题意，从而具体分析出数量之间的关系，探寻到解决问题的钥匙才是目的。我们现在不能因为题目简单而不重视画图策略的培养，在讲解简单问题就要做好指导。在学生画线段图之后先不着急列式解答，可以把线段图与文字叙述进行对比，让学生在对比中感受到线段图的实际价值。在解决问题之后，可以引导学生对比不同方法之间的联系，再次感受线段图对思维简洁性的促进作用，体会线段图的价值。在培养学生利用画图策略解决实际问题的过程中，有意识地渗透数学思想，特别是数形结合思想、对应思想、转化思想，从而培养和发展学生的数学能力。

3. 如何培养学生养成画线段图的习惯。

俄国教育家乌申斯基说："良好的习惯乃是人在其神经系统中存放的资本，这个资本不断地增值，而人在其整个一生中享受着它的利息。"如何帮助学生养成画线段图的习惯呢？可以尝试三个层次的引导：

第一层次是画图能力的训练，把文字叙述信息转化为直观的线段图。

第二层次是读图能力的训练，把直观的线段图信息转化为文字叙述的信息。

第三层次是头脑中画图训练，把文字叙述信息在头脑里转化为直观的线段图，这是更高水平的画线段图。

这样的多层递进式学习，逐步培养学生对线段图的感情，让学生感受到线段图的内在价值，进而养成自觉画线段图的良好习惯，为今后学习解决更复杂问题做好准备。

以"图式"结合，促关系理解

——"连除问题"教学实践与思考

南宁市百花岭路小学　毛林丹

一、课前探寻

《义务教育数学课程标准（2022 年版）》（简称 2022 版课标）明确将几何直观归属于学科核心素养，指出："几何直观主要是指运用图表描述和分析问题的意识与习惯。"几何直观能够帮助学生更好地理解知识的本质，能够帮助学生构建一定的问题解决模型，能帮助学生通过理解知识本质，运用问题模型从而灵活选择不同方法或多种方法来解决问题。因此，加强学生几何直观的培养有助于促进学生的深度学习以及素养的落实。下面我将以"连除问题"为例（例题：三年级的女生进行集体舞表演。老师将参加表演的 60 人平均分成 2 队，每队再平均分成 3 组。每组有多少人？），谈谈具体的实践与思考。

"连除问题"是人教版《数学三年级下册》第四单元例 4 的内容，属于"数与代数"领域的解决问题课型。2022 版课标对第二学段的课程目标提出以下要求：尝试从日常生活中发现和提出数学问题，探索分析和解决问题的方法，经历独立思考并与他人合作交流解决问题的过程。在"学业要求"中指出：要能在真实情境中，发现常见数量关系，感悟利用常见数量关系解决问题；能借助计算器进行计算，并解释计算结果的实际意义；形成初步的模型意识、几何直观和应用意识。

学生在二年级时，已经学过四则混合运算的顺序，并在用两步计算解决问题方面有一定的基础，学生在学习《数学三年级上册》时也已接触过列综合算式解决两步计算的问题，在本单元学习例题3时又经历了用乘法两步计算解决问题的探索过程，学生会从数学的角度去发现信息、提出问题并能够解决一些简单的实际问题，初步体验了解决问题策略的多样化，具有一定的解决问题的能力。

本课的编排思路与例3（某超市一个月卖出5箱保温壶，每箱12个。每个保温壶售价45元，一共卖了多少钱？）大体相同，都是借助几何直观帮助学生理解数量关系，构建数学模型，但例4的直观图更为抽象。由此可知，例4对教学提出了更高的要求。

对比新旧教材发现，旧教材以图文形式呈现了问题情境，学生可以根据情境图分析理解。而现行教材则以纯文字形式呈现信息和问题，但在"分析与解答"环节增加了两种直观图（见图1）帮助分析。

图1

这引发了我们关于几何直观对解决问题重要性的重新思考。现行课本对学生的几何直观有了更高的要求，对教师的教学也提出了新的要求。本节课，我们力图通过"具体情境提出问题—自主画图解决问题—图式结合明晰关系—对比异同构建模型—实践应用深化模型"的学习活动，培养学生的几何直观，提高解决问题的能力。

二、课堂实践

数学是一门较为抽象的学科，小学生的年龄特点决定着其理解和分析问题的能力较低。在小学数学学习活动中，画图能够将抽象的数学关系转化为形象的、直观的具体图形，有利于学生观察发现和深度理解，是解决问题的重要策略之一。画图的过程，也是学生梳理信息、厘清数量关系的过程。所以，"图"很重要。关于在解决问题中如何培养学生的画图策略，我有如下思考与实践。

思考一：如何培养学生的画图能力？

在学习本节课之前，学生虽然已经积累了一定的画图经验，在一、二年级的学习中，使用过实物图、示意图、色条图等来表征、分析简单的数量关系，在学习《数学三年级上册》时也已初步学会画线段图分析和解决问题，但很多学生意识里觉得即使画了图来分析问题，最终还是要列式解答，所以感觉画图麻烦，不愿意主动画图。因此我构思通过任务驱动，明确要求先画图后解答，让人人都参与画图活动，积累画图的经验，如通过以下例题开展练习。

三年级女生进行集体舞表演。老师将参加表演的 60 人平均分成 2 队，每队再平均分成 3 组。每组有多少人？

（先画一画，表示出题目的信息和问题，再列式解答）

在试教中，很多学生迟迟下不了笔，导致这个环节耗时很长也没有达到预期的评价。课后我进行了追踪采访。

师：在刚才的画图中，你为什么不动笔画图？

生：我不会画图。

师：你遇到了什么困难导致画不出来？

生：不懂怎么画。

师：以前我们不是学过根据题目信息画图吗？

生：以前不用画这么多信息。

我研究分析，三年级的学生虽然已有一定的画图能力，但学生第一次接触平均分、再平均分的情况，对于画这样的图需要更高的能力，很多学生寻找不到画图的思路，觉得信息太多、太复杂，造成思维短路，导致无从下笔。因此我进行了第二次试教。

师：别着急，信息中的 60 人，你们打算怎么表示？

生1：我打算用 60 个〇表示 60 人。

生2：我打算用一条线段表示 60 人。

生3：我打算用一个大圆表示 60 人。

师出示课件。

师：是啊，60 人可以用一条线段、一个长方形等来表示，那平均分成2 队，每队再平均分成 3 组该怎么表示呢？请大家画一画。

我在放手让学生自主画图前，先交流"信息中的60人，你打算怎么表示？"给予学生一个画图"脚手架"（见图2、图3），降低画图要求，让学生有思路去画图。画图很重要，画好图，是用好图的前提，课堂上要真正实施画图的教学，不要因为学生有困难，老师就把画图一律承包。

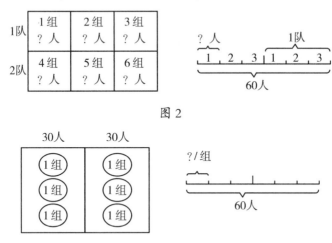

图 2

图 3

为培养学生画图能力，除了必要时给予"脚手架"外，老师的示范也非常重要，这给很多学生提供了直接参考，对学生画图能力的提升有很大帮助。但这节课重点不在于教学生怎么画图，那教师如何示范呢？我们团队做了以下细节设计：教师利用课件出示示意图（见图4）时，没有直接出示完整的成品图，而是利用课件一步一步画出来。学生通过观察，明晰画图步骤，同时也可以纠正自己的图，从而提升作图能力。

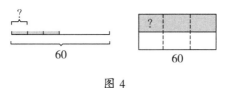

图 4

思考二：如何培养学生的用图能力？

我国数学家华罗庚曾说："数缺形时少直观，形少数时难入微，数形结合百般好，隔离分家万事休。"数形结合是数学中重要的思想方法之一，是数学研究的常用方法。数形结合思想就是将抽象的数学语言与直观的图形结合起来，使抽象思维与形象思维结合，是解决许多数学问题的有效思想。因此，我有这样的构思：利用"图式"结合，明晰数量关系，寻求解题思路，提高解题能力。

师：请结合图说一说你的解题思路。

生1：我先解决每队有多少人，用60除以2等于30人，再求每组有多少人，用30除以3等于10人。

师：请你指一指，你先解决图中的哪部分，再解决图中的哪部分。

学生按照要求一次指出图中的相应部分。

生2：我是先解决一共有多少组，用3乘2等于6组，再求每组有多少人，用60除以6等于10人。

师：也请你指一指，你先解决和再解决的分别是图中的哪部分？

图能直观显示题意，让数量之间的关系一目了然，学生通过观察图，很快找到解题的思路，顺利解决问题，同时也体会到了几何直观的价值，积累了解决问题的经验。

为了让学生进一步体会到画图策略的价值，提高学生的用图能力，我设计了一道连除问题的选择题。试教时，学生对于选项A和D持不同的意见，有的觉得A对D错，有的觉得D对A错，还有的觉得两个选项都对。教师充分抓住这次机会，引导学生进行画图分析（教师利用课件出示图，见图5），力图让学生进一步感知画图策略的价值。

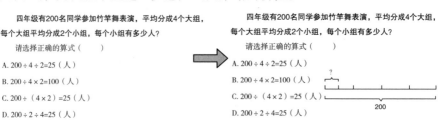

图5

线段图直观地表示了题目的意思，我预设学生应该很快能根据图理解选项D的不合理性。可是实际情况却与我的预判不符，依然有一部分学生不理解选项D为什么不合理。这引发了我的思考：这道题延续了例题的模板编题，本质上没有区别。学生解决例题时并没有出现60÷3÷5的情况，说明学生是会看图、用图分析数量关系的。练习题只是增加了一个干扰选项，其实也是为了评价学生的用图能力。在探究例题时，学生积累了一定的用图经验，可是在这里，学生的用图能力为什么没有达到预期？

我总结发现：学生从图到式，很顺利；从式到图，有困难。说明"图式"之间有障碍，"图式"结合有待提高。于是我们进行了二次试教，利用图式双向互通，明晰数量关系，解决实际问题。

师：谁能分享自己的方法，请结合图说一说。

生：我的方法是先解决每队有多少人，再解决每组多少人。

师：图中的这部分表示什么意思？

生：表示每队有多少人。

师追问：你是怎么解决这部分的？

生：因为这是60平均分成2份中的1份，所以用60÷2=30（人）。

师：那这一部分表示什么意思？

生：表示1组有多少人？

师追问：你又是怎么解决这部分的？

生：因为刚刚我们求得这每队是30人，这里看得出平均分成3份，求每份是多少用除法30÷3=10（人）。

生：我的方法先解决一共有多少组，再解决每组有多少人。

师：算式3×2=6（组）解决的是图中的哪部分？你能指一指吗？

师追问：求每组多少人，为什么用60÷6来解决？

生：从图中我们可以看出，把60人平均分成了6组，求每组多少人，可以用60除以6来解决。

连除问题需要比较强的数学综合素养，需要我们通过"数"与"形"的相互辅助来解决问题。从图到式，帮助学生找到解题思路；从式到图，帮助学生理解算理。图式双向互通，让学生快速在"数"与"形"的信息间转换，进一步明晰数量关系，自主构建模型，深度理解模型，从而提高解决问题的能力。

思考三：如何让图发挥最大功效？

在解决问题中，当遇到的题目难以理解时，通过画图能直观显示题意，让数量之间的关系更加清楚，是帮助学生理解数学问题的重要补充，有利于学生对问题的理解，从而形成解题的思路。本节课正是通过引导学生画图整理信息，分析数量关系，找到解决问题的策略，体现了画图策略的价值。图真是解决问题的好帮手，学生好不容易画出来的图，仅仅用在寻找解决问题的策略上吗？还有没有更多的价值？这引发了我们团队的进一步思考与尝试。

师：如何检验答案是否正确？

生：可以把结果当作条件带回原条件中，逆推看是否得到原来的条件。

师：看来大家都想到了检验的办法，把算出来的 10 带入原情境中，逆推看是否与原条件相符（见图 6）。大家试着算一算。

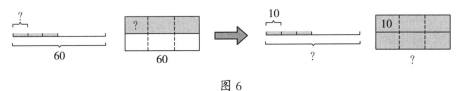

图 6

生 1：我是这样逆推的，先算出每队有 10×3=30（人），再算 2 队一共有 30×2=60（人），与原题的 60 人相符，所以答案正确。

生：我不用算，看就知道 10 对不对。

师：你如何看出来的？

生：（上台一边指线段图一边说）1 小段是 10，3 小段就是 30，这两部分是一样的，所以也是 30，一共就是 60，与原线段图表示的量一样，所以答案正确。

生：在长方形图中也能看出答案是否正确，每格表示 10，有这样的 6 格，就是 60，与原图意思一致，所以答案正确。

通过条件和问题转换，把解决问题的图变成检验答案的图。小小细节的处理，就能让学生好不容易画出来的图继续发挥其效能，一图多用，让学生感受图的内在价值，使学生逐步养成自觉画图的良好习惯，为今后学习解决更复杂问题做好准备。

三、研究新启示与思考

通过这一节课的研究，我们知道在以后的教学中，应该要注重画图、读图、用图、图式结合，让学生在图形表征、语言表征、算式表征等多元表征之间不断地转化，让学生真正地理解数量关系，将复杂的问题直观化，让隐形的思维可视化，感知画图和用图的价值，提高学生画图和用图解决问题的意识。

　　研究中我们又有了新的启发：画图意识的培养绝不是一蹴而就，而是一个长期的过程，如何通过开展画图评价，激发学生画图解题的热情？

　　1. 将画图纳入解决问题的步骤中。

　　在教学中，教师要经常运用画图的方法分析问题，并且对比不同的解题策略，让学生体会画图的好处，从而产生需要画图的愿望。同时还要经常肯定用画图策略分析问题的学生，评价解题步骤的完整性，这样学生不断地用画图策略解决新问题，不断地体会到画图策略的价值，在以后遇到复杂的问题时便会自然而然地想到用画图来分析。

　　2. 将画图纳入到过程性评价体系中。

　　在平时作业中，要求学生答题时要展现解题过程，作为解决问题步骤之一的图示也占有一定分值。这样坚持下来，学生在解决复杂问题时会习惯采用画图策略。

立足"三线五环"，发展核心素养

——"简单的小数加减法解决问题"课例研究

南宁市国凯路小学　李安旺

在小学数学教学中，"四基"与"四能"是发展学生学科核心素养的重要载体。《义务教育数学课程标准（2022 年版）》对"四能"培养的具体要求是：体会数学知识之间、数学与其他学科之间、数学与生活之间的联系，在探索真实情境所蕴含的关系中，发现问题和提出问题，运用数学和其他学科的知识与方法分析问题和解决问题。课程目标中，更加强调：真实情境和运用数学和其他学科的知识。那么如何在解决问题的过程中落实课程目标呢？笔者以《数学三年级下册》"简单的小数加减法解决问题"一课为载体，通过"三线五环"教学模式开展研究，探索课标落地的方式。

一、课本分析

本节课是人教版《数学三年级下册》第七单元"小数的初步认识"中的内容，学习用简单的小数加、减法解决问题。学习本课前，学生已经学习了小数的加减法，积累了解决问题的活动经验和解题策略，后续学生还将学习小数乘除法的解决问题，以及用分数解决问题。本节课让学生在真实情境中发现问题和提出问题，利用生活经验来分析和解决问题，主要培养的核心素养是运算能力和应用意识。

在阅读与理解中，明确题目表达了什么，要解决的问题是什么。这个是常见的方式，让学生用自己的话去表达题目中的信息。

在"分析与解答"环节，首先呈现的是先算买了笔袋后，小丽还剩多少钱。再呈现两种方式：方法1是先算买完笔记本和铅笔一共多少钱，再进行比较；方法2是先算买完笔记本后，还剩多少钱，再和铅笔价格比较。也就是让学生把握问题的结构"先买一种商品后用剩余的钱再购买两种商品"。

在"回顾与反思"环节又给出了一种方法，不仅体现解决问题方法的多样化，还可以体现"不同的方法可以互相检验"。学生不仅能感受到数学解决问题中方法策略多样化，又能发现多种方法的互通性。

二、学情分析

数学教学活动必须建立在学生的认知发展水平和已有知识基础上。为了准确掌握学生的认知状况，了解学生的起点能力，便于制定合适的教学目标，选择恰当的教学策略，笔者针对"简单的小数加减法解决问题"设计了前测题（见图1），并对三年级2006班46名同学进行检测。

（一）前测题

"小数加减法解决问题"前测题

| 1元 | 3元 | 5元 | 4元 |

1.买一支钢笔和一盒彩笔要花多少钱？一支钢笔比一盒彩笔贵多少钱？

我的想法：

2.小红有10元钱，买了一支钢笔，还想买一把尺子和一本练习本，钱够吗？

（1）请你圈出关键词。

（2）这道题你是怎样思考的，用你喜欢的方式表达出你的解题思路。

（3）列式计算：

"小数加减法解决问题"前测题

| 2.3元 | 1.7元 | 5.4元 | 3.8元 |

1.买一支钢笔和一盒彩笔要花多少钱？一支钢笔比一盒彩笔贵多少钱？

我的想法：

2.小红有10元钱，买了一支钢笔，还想买一把尺子和一本练习本，钱够吗？

（1）请你圈出关键词。

（2）这道题你是怎样思考的，用你喜欢的方式表达出你的解题思路。

（3）列式计算：

图 1

（二）学生答题情况分析

笔者给学生进行两次前测，第一次前测用整数加减法解决问题，第二次前测用小数加减法解决问题，重点检测学生对解决问题的解题思路情况。

笔者先分析用整数加减法解决问题的学生答题情况，第一题答对的有42人，占91.30%；答错有4人，占8.7%。

第二题共有3个小问，有38名学生能够完整解题，将思考过程利用画图或者文字表示出来，占82.61%；有8名学生没有完整答题，占比17.39%，虽然这些学生没有完整答题，但是最终都能正确列式计算。通过上述数据，笔者发现，学生对用整数加减法解决问题掌握比较到位，能形成比较完整的解题思路，特别是学生能用圆圈、线段图、文字等多种不同方式去表达出自己的想法。体现出学生对整数意义的理解和利用意义来解决问题的能力。

笔者再来分析用小数加减法解决问题的学生答题情况。第一题主要考察用简单小数加减法解决问题，答对的有36人，占78.26%，说明部分学生已经初步掌握用简单的小数加减法解决一些生活问题。列式正确但是计算错误的有10人，占21.74%，部分学生对于理解小数加减法的算法算理还存在一定的问题。

第二题主要考察学生分析问题和厘清数量关系的能力。这道题有3个小问，第一问是让学生圈出关键词，能够把关键词全部圈出来的有38人，占82.60%；只圈出10元的有4人，占8.70%；不圈的有4人，占8.70%。

第二问主要考察学生是否能厘清题目数量关系，并能表达出解题思路。笔者发现能正确写出解题思路的学生有16人，占34.78%，这些学生的解题思路有三种：第一种，有6位学生是将3种文具价格相加，再和10元比较大小；第二种有6位学生先用10元减掉钢笔的价钱，再求一把尺子和一本练习本的价钱，然后比较两者价钱；第三种有4名学生用10元连续减掉这三种文具的价钱。表述不清的有6人，占比13.04%。没有回答该问的有24人，占比52.18%。与整数解决问题对比，笔者发现，学生在小数解决问题中都是用文字表述而不是画图，说明在教学中要注重从整数解决问题迁移到小数解决问题，引导学生初步了解方法的一致性。

第三问是让学生列式计算，回答正确的有15人，占32.61%；7人列式不对；8人的解题步骤是正确的，但是计算结果不对；另外有16人留空，占比 34.78%。说明很多同学对于利用简单的小数加减法解决问题还存在着很大的困惑。

在教学时，应注重对小数加减法计算方法以及解题过程的引导，引导学生数形结合厘清数量关系，让学生更多地体验解决问题方法的多样性，学会用数学的语言表达出解题思路，发展应用意识、创新意识。

三、教学目标

基于上述分析，本节课教学目标拟定如下。

学生进一步掌握小数加减法的计算方法，并运用知识解决实际问题。

通过自主探究与合作交流等方式，让学生在经历解决实际问题的过程中，感受小数加减法的含义和计算方法的理解。

通过解决问题，培养学生多角度思考问题，养成独立思考的习惯。

四、教学策略

解决问题的教学不能仅仅满足于教会学生解决某一两个问题，而是要引导学生在解决问题的过程中形成解决问题的基本思想，掌握解决问题的基本方法，建立起解决问题的基本模型，这些都是落实"四能"目标的重要途径。本节课笔者运用《基于"四能"培养的"三线五环"小学数学解决问题教学模式的建构与实践》的研究成果构建课堂教学。

（一）情境创设，激发学生解决问题的兴趣

本节课延续了课本例 3 的商店购物的情境，让学生继续在同一情境中解决问题；这样通过情境的创设唤起了学生的生活经验，增强了学生的学习兴趣，让学生感受数学与生活的密切联系。

（二）问题驱动，唤醒学生发现和提出问题的意识

呈现如下例题（见图 2）。通过这样的方式，让学生根据主题图和信息，发现问题并提出问题，同时在提出问题的过程中，关注到每种商品的价格，也就是"为什么不能买水彩笔呢？"同时提出本次例题的问题"买了……，还想买……"，让学生思考这样的问题模型应该怎么解决问题。

根据信息，提一个数学问题。

小丽有10元钱，_____，_____？

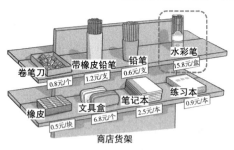

15.8元=15元8角
15.8＞10

图 2

（三）分析解决，优化学生解决问题的策略

在"三线五环"教学中，分析解决环节同样是教学的关键与核心。重视数量关系的分析，适时指导学生形成解题的基本策略。

从前测中笔者发现，在解决整数问题时，大多数学生可以用多种方式分析题目中的信息，而在解决小数问题时，却只有少数学生才能表达出解题的思路。这里面一部分原因是学生刚学完小数的初步认识，对小数的感知不够；另一部分原因是在学生的心目中，不管是圆圈或者线段图都只能表示整数，无法表示小数，本能对小数产生一种畏惧感。因此，在分析题意时，我们应更加注重通过直观的方式让学生表达出自己的思路。我们在课堂中运用画图策略，通过感知—尝试—自觉的过程，引导学生通过写一写或画一画的方式来找出关键信息，引导学生用自己的话来表达信息，帮助学生掌握基本的数量关系。我们设计"圈一圈"关键字，就是便于学生在情境中找到所需的信息，就是题目中"买了……还想买……"；"写一写"就是写出阅读完题目中已知的条件是什么，需要解决的问题是什么；"画一画"就是拟定解决问题的小计划，把自己的思路写一写或画一画；"列一列"就是用数学的算式表示出自己的思路；"说一说"就是结合算式说自己的想法，同时引导学生用"先计算……，再计算……"。通过这样的方式，一步一步引导学生能结合主题图和算式，说一说自己每一步的意思是什么。在学生汇报时，老师也拿出直观的实物图来引导和梳理，更加方便学生表达自己的解题思路。

最后列出了 3 种不同的方法，对比这几种方法，解题思路有什么相同点和不同点。在对比中，丰富学生的解题思路，让学生体会并理解解题策略的多样化，从而提高分析问题和解决问题的能力。

（四）反思总结，引导学生解决问题活动经验

在"三线五环"教学中，反思总结是其中重要的一环，是学生获得学习方法与积累活动经验的途径，表现在以下两方面。一是回顾反思。学生在解决问题中发现多种解题策略，并可以相互检验，初步形成评价和反思意识。二是总结建模。通过把题目的数据换成整数，学生明白如果换成了整数，在一年级时就可以解决，现在学习新的数，情景不变，数的类型变了，但是解决问题的方法不变。让学生对比发现解决问题中，整数、小数以及分数之间的关系，建立模型。

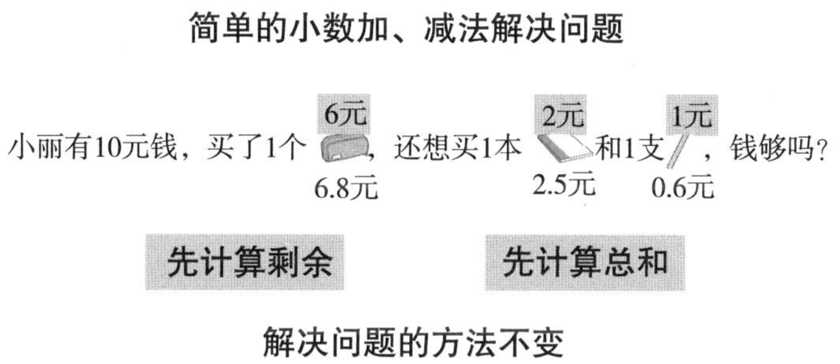

简单的小数加、减法解决问题

小丽有10元钱，买了1个 6元 6.8元 ，还想买1本 2元 2.5元 和1支 1元 0.6元 ，钱够吗？

先计算剩余   先计算总和

解决问题的方法不变

图 3

（五）应用拓展，提升学生解决问题的能力

第一道题目是延续例题的第二个问题，为了帮助学生更好的掌握本节课的解题方法，建立解决问题的模型，笔者转化条件把铅笔换成带橡皮的铅笔，问学生钱够不够，让学生利用本节课的学习经验去解决新的问题，巩固学生所学的知识，有助于学生解题模型的建立。

第二道题目为课本"做一做：有两元钱，能买什么文具？"。这道题目中关键不在于能买到什么文具，而是有效地引导学生建立起解决问题的模型，特别是分类考虑问题的习惯。在平时的练习中更多时候答案都是唯一的，而这个题目中，学生需要考虑的是："钱有没有剩余呢？可以买哪几件文具呢？"对于学生来说，这样的思考是没有体验过的，但是在现实中，我们往往都会遇到这样的问题。为了更好地提高学生解决问题的能力，我

们在课堂中，与学生一起梳理解决问题的思路，先统一"能买什么文具？"我们可以先把所有的商品进行排序，问学生："可以选择哪些呢？"再假设"如果只买一种会有哪几种情况呢？""如果只买两种会有哪几种情况呢？""如果只买三种会有哪几种情况呢？""如果只买四种会有哪几种情况呢？"，让学生经历整个解决问题的思路，帮助学生学会有序地思考问题，灵活选择不同的方式解决问题。最后和学生一起总结：不管条件和问题怎么变，只要按照这三个步骤去阅读与理解、分析与解答、回顾与反思，就能找到解决问题的方法。

2022版课标总目标延续了"四能"目标培养的要求，同时也更加注重从"育人"的角度去思考"四能"的培养。"四能"的培养应该承担起什么样的责任？一线教师如何在小学数学解决问题课堂教学中培养学生的"四能"？"三线五环"教学范式正好给我们的解决问题提出一个可供参考的思路和可操作可实践的路径。只要在研究课和设计课的时候，不断让每一个细节更加丰富和深化，能够让学生在课堂中深入体验和经历解决问题的全过程，就能真正发展学生数学核心素养，实现立德树人的根本任务。

第四章
教学设计

对比辨析，厘清关系

——"含多余条件的解决问题"教学设计

南宁市良庆区春华路小学　盘梦婕

南宁市云景路小学　郭银建

【教学内容】

人教版《数学一年级下册》（2022 年教育部审定）第二单元第 20 页例 5 "含多余条件的解决问题"。

【设计理念】

以"画或摆"为解决问题的"脚手架"，将抽象问题具体化、直观化，帮助学生厘清数量关系。

【教材分析】

例题：要做 16 把团扇，我们 4 个人一起做，已经做了 9 把。还要做多少把？

本课是在学生学习了用加减法解决问题的基础上进行教学，是学生第一次学习包含多余条件的解决问题。课本通过生活情境引入，引导学生发现信息和问题，通过画图或摆一摆直观理解"求另一个加数"的数量关系，明确解决问题的方法，并知道解决问题的过程中有些条件是多余的。

【学情分析】

本课在学生已经学习用加减法解决简单的实际问题的基础上进行教学，利用 20 以内加减法来解决实际问题。对于"求另一个加数"的问题，学生已经有了一定的经验，大部分学生在计算上也不存在困难，但是本课

巧解数学问题——

教学模式的建构与实践

「三线五环」小学数学

118

的解决问题不仅有解决问题需要的信息、条件，还有一些干扰信息。这时，学生解决问题就多出了一道障碍。所以准确分析题目数量关系、找准有效信息上对于部分学生存在困难。教学时要以学生已知经验为起点，激起兴趣，激发思考，促进学生产生积极的情感和态度。通过摆一摆、画一画、算一算等多重表征，注重学生自我感悟、自我评价和个性发展，进一步培养学生发现问题、提出问题、分析问题和解决问题的能力。

【教学目标】

1. 知道解决问题的一般步骤，会用减法解决含有多余条件的"求另一个加数是多少"的实际问题。

2. 通过摆一摆、画一画、说一说、算一算等活动，引导学生进一步熟悉画图的策略，培养学生分析和解决问题的能力。

3. 感受画图在解决问题过程中的作用，感受数学与日常生活的联系。

【教学重点】

解决含有多余条件的"求另一个加数"的解决问题。

【教学难点】

能根据问题选择有效的数学信息。

【教学具准备】

课件、小棒、练习卡。

【教学过程】

一、复习导入，唤醒经验

（一）口算抢答

15-8=   11-5=   12-8=   14-9=   11-6=   16-8=

（二）选一选：根据给出的条件选择合适的问题

1. 商店里早上卖出 6 个西瓜，下午又卖出 7 个西瓜。_____？

①明明有几个西瓜

②商店一共卖出几个西瓜

③商店一共卖出几盒草莓

【设计意图：兴趣是最好的老师，以"开火车"方式让学生在轻松愉快的氛围中复习巩固 20 以内退位减法。同时，学生经历"选一选"，初步

感受问题与条件的关联性，为本课教学做好铺垫。】

二、引导探究，关注过程

（一）视频引入，发现并提出问题

1. 视频播放非遗"团扇"的相关知识。

2. 引出问题：你从图中知道了什么数学信息？能根据信息提出什么数学问题？

3. 明确信息和问题：要做16把团扇，4个人一起做，已经做了9把，还要做多少把？

【设计意图：团扇是我国非物质文化遗产，通过观看视频，了解团扇，培养学生的爱国情怀，激发民族自豪感。】

（二）实践交流，分析并解决问题

1. 自主探究：要求还要做多少把，该怎么解答？可以用摆一摆、画一画、算一算把解决问题的思路表示出来。

2. 对比辨析，交流汇报。

（1）呈现 ① 16-9=7（把）、② 16-9-4=3（把）这2种方法。

提问：你同意哪种？为什么？

追问：为什么不用减去4？

（2）呈现 16-9=7（把）的不同生成（预设如下）。

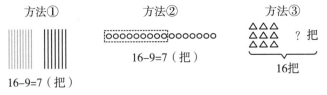

学生汇报方法。

观察：这三种方法有什么相同的地方？

追问：那这个算式中的16、9、7分别表示什么？为什么没有用上"4个人一起做"这一信息？

小结：尽管大家用的方法不完全相同，但都表示出了要求"还要做多少把？"，就是要从总共的16把团扇里去掉已经做了的9把，跟4个人做没有关系。像这种与所求问题没有关系的条件，我们就叫做多余条件。

【设计意图：这是学生第一次接触多余条件，可以让他们通过自己动手摆一摆、画一画等多种策略分析解决问题，在对比辨析中揭示"什么是多余条件"，同时在交流中实现图形表征到语言表征的转化。】

（三）回顾反思，强化解决问题策略

1．"还要做 7 把。"这个结果正确吗？你怎么检验？

预设 1：要做 16 把团扇，已经做了 9 把，求还要做几把，就是求其中的一部分，用总数减去已知部分，所以 16-9=7 正确。

预设 2：已经做了的 9 把团扇加上还要做的 7 把，一共 16 把，正确。

2．回顾刚才解决问题过程，想一想是怎么解决的。

小结：我们在解决问题时，先通过看图或者看文字信息，明确信息和问题，再通过画图操作排除多余信息，并分析和解决问题，最后检验解答是否正确。

【设计意图：引导学生反思自己的思维过程，建立"部分 = 总数 - 另一部分"这一模型；运用加法的原理进行验证，培养学生良好的检查习惯，积累解决问题的策略。】

三、巩固训练，内化提升

（一）巩固找多余信息

选一选：哪个是题目中的多余条件。

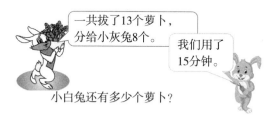

一共拔了13个萝卜，分给小灰兔8个。

我们用了15分钟。

小白兔还有多少个萝卜？

①13 个萝卜　　②给小灰兔 8 个　　③用了 15 分钟

【设计意图：教师通过引导"哪个是多余条件？为什么？"，向学生们渗透和强化找多余条件的策略，有助于学生思维水平的提高。】

（二）体会多余条件的相对性

1．独立完成课本第 20 页的"做一做"。

小明家有 14 只鸡和 5 只鸭，公鸡有 6 只。母鸡有几只？

2.变式训练，体会相对性。

（1）把课本第20页的"做一做"的问题改为："鸡和鸭一共有几只？"

（2）教师追问"5只鸭"还是多余条件吗？哪个是多余条件？为什么？

（3）对比辨析：怎么一会儿"5只鸭"是多余条件，一会儿"公鸡有6只"是多余条件？

（4）小结：求的问题不一样，所需要的条件也不一样。

【设计意图：通过"多余条件相对性"练习的设计，让学生明白多余条件并非是唯一的、绝对的，随着所求问题的变化，所需要的条件和多余条件也随之变化，丰富了学生对本节课的认识，同时将学生的思维引向深入。】

（三）对比练习，避免思维定式

兔子妈妈买了12根胡萝卜，小兔子早上吃了4根，晚上吃了3根，还剩几根？

1.学生独立完成，交流结果。

2.这题有没有多余条件？怎么判断？

3.小结：在解决问题时，我们可以根据问题判断，哪些条件是有用的，哪些条件是多余的。

【设计意图：虽然本节课的学习是关于多余条件的解决问题，但为了避免"学什么练什么"的问题，帮助学生打破思维定势，设计这道没有多余条件的解决问题，让学生在对比分析中意识到，解决问题时要注意问题和条件的关联性，有助于学生对"多余条件解决问题"的认识由浅及深、由表及里。】

四、总结提升，内化理解

通过这节课的学习，你有什么收获？

【板书设计】

解决问题

知道了什么 ——含多余条件

怎么解答 16-9=7（把）

解答正确吗 答：还要做 7 把。

第四章 教学设计

"规"整方法，"律"学思想

——"找规律解决问题"教学设计

南宁市友谊路小学　赖雪冰

【教学内容】

人教版《数学一年级下册》（2022年教育部审定）第七单元第86页例5"找规律解决问题"。

【设计理念】

以学生已有的找规律知识经验为依托，以解决问题三大步骤为学习支架，以信息技术为载体，指导学生解决问题，提炼教学方法。

【教材分析】

例题：小红按规律穿了一串手链（按2颗黄1颗蓝有规律排列的手链），但掉了2颗珠子，掉的是哪2颗？

在本单元例1至例4的学习中，学生已经了解了规律的概念，并知道找物品及数字的简单规律，例5则侧重让学生运用知识解决问题，丰富解决问题的策略。教材精选了生活中按规律穿手链的情境，把学生的注意力集中到了对不同物体摆放的规律上，利于学生激发学习兴趣、发展应用意识、培养数学眼光。

【学情分析】

1.从知识储备看：学生在前面的学习和生活中对于"规律"已经有了感性的认识，能用简单的语言表述，并找到规律。

2.从年龄特征看：一年级学生年龄小，活泼好动，注意力容易分散，

教学模式的建构与实践——"三线五环"小学数学　巧解数学问题

但思维灵活，充满好奇心和求知欲。

3. 从能力特点看：一年级的学生已经掌握了解决问题的一般步骤，具备一定的观察和分析能力。

【教学目标】

1. 学生观察图形排列规律，运用"找准起点，圈出重复循环组"等方法灵活解决问题。

2. 学生通过观察、猜测、操作活动，体验运用规律解决问题的策略，培养初步的观察、分析、推理能力。

3. 学生在探索规律的过程中体会数学与日常生活的联系，获得成功的体验，增强学习数学的兴趣和信心。

【教学重点】

发现规律，解决问题。

【教学难点】

从不同的起点、方向观察，找到规律。

【教学准备】

平板、电子书包、多媒体一体机。

【教学过程】

一、旧知导入，情境引新

（一）复习旧知，铺垫新知

1. 出示习题。

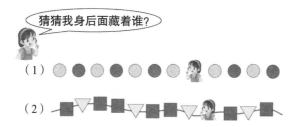

2. 指名回答。

3. 方法梳理。

（1）怎样又快又准地知道小红同学身后藏着什么图形？

（2）这些图形是不是按照规律来排列的？

（3）按什么规律来排列？

预设：第（1）小题是按红蓝 2 个为一组的规律重复排列的。第（2）小题是按红黄红 3 个为一组的规律重复排列的。

4. 小结方法。

它们都是按规律排列，像这样找准重复出现的一组就能很快知道小红同学身后藏着的图形了。

（二）情境创设，引入新课

导语 1：在生活中也有很多这样的规律，这节课我们就一起来解决生活中的找规律问题。（板书课题：找规律解决问题）

导语 2：小红穿了一串手链想送给她的好朋友，可是一不小心把手链的绳子弄断了，珠子散了一地，捡起来重新穿的时候发现少了珠子。

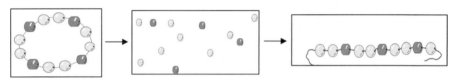

【设计意图：通过数学精灵聪聪的问题导入，激发学生解决问题的竞争意识。再创设手链珠子散落一地，帮助小红重新穿的问题情境，激发学生的学习兴趣和探究欲望。】

二、自主探索，尝试解决

（一）阅读理解：你知道了什么？

课件出示：例 5 找规律，串珠子。（只出示例题文字部分并让学生朗读）

1. 找出数学信息。

提问：从这句话中你知道了什么？

预设：小红穿了一串手链，但掉了 2 颗珠子。

提问：珠子是怎样穿的呢，从这句话中能找到关键的文字信息吗？

预设：是按规律来穿的。

2. 找珠子的规律。

提问：珠子是按什么规律来穿的呢？（边巡视边用手机拍照，并用授课助手投影）

巧解数学问题——教学模式的建构与实践 「三线五环」小学数学

3.说珠子的规律。

预设1：从左往右看手链是按2颗黄珠子、1颗蓝珠子3个为一组的规律重复排列。

预设2：从右往左看手链是按1颗黄珠子、1颗蓝珠子、1颗黄珠子3个为一组的规律重复排列。

梳理：在观察图形规律时，可以从左往右看，也可以从右往左看。

4.提出数学问题。

预设：掉的是哪2颗珠子？

【设计意图：根据解决问题的学习步骤，帮助学生养成梳理信息问题的习惯，并掌握查找信息和问题的方法，特别是当有文字信息和图片信息的时候，先看文字信息。在方法梳理的时候帮助学生学会从不同角度观察。】

（二）分析探究：怎样解答？

1.同桌讨论：说珠子。

讨论内容：掉的是哪2颗珠子？你是怎么想的？

2.猜想答案：猜珠子。

预设：掉的是1颗黄珠子，1颗蓝珠子。

3.动手实践：补珠子。

（1）如何验证猜想？（动手实践）

（2）梳理操作要求。

①圈一圈：先确定从哪边观察，再按规律圈出一组。

②补一补：补几颗珠子呢？（2颗）

③写一写：掉了几颗黄珠子和几颗蓝珠子？把数量写在方框里。

（3）动手验证猜想。

①学习工具：平板、电子书包。

②操作方式：在平板上拖拽珠子，填写答案，点击提交，后台统计数据。

③操作时间：2分钟。

4.汇报交流。

（1）学生汇报。

预设1：掉的是1颗黄珠子、1颗蓝珠子，因为从左边看珠子是按黄黄蓝3颗为一组的规律重复排列的。

预设2：掉的是1个蓝珠子、1颗黄珠子，因为从右边看珠子是按黄蓝黄3颗为一组的规律重复排列的。

（2）知识小结。

从不同的方向观察，会有不同的规律。虽然规律不一样，但答案却是相同的，都是掉了1颗黄珠子、1颗蓝珠子。

【设计意图：体现信息技术与学科教学深度融合，让学生借助平板电脑和电子书包的帮助，用拖拽补珠子的操作方式验证猜想，在从不同方向补珠子的规律梳理中，丰富解决问题的策略，培养实践动手能力和汇报表达能力。】

（三）检验结果：解答正确吗？

1. 如何检验：把穿好的珠子还原成手链。

2. 检验方法：用黄黄蓝、黄蓝黄3个为一组的规律检验。

（四）知识整理

1. 提问：如何找规律解决问题？

第一步：知道什么？——要求：认真审题，发现规律。

第二步：怎样解答？——要求：找起点，圈一组；按规律，补珠子。

第三步：解答正确吗？——要求：动手操作，检验解答。

2. 根据学习习惯，观察物品是按从左到右、从上到下的方式。

【设计意图：帮助学生养成检验学习结果和小结学习方法的习惯。】

三、课堂练习，巩固强化

（一）基础练习：课本第88页的"做一做"

1. 知道了什么？——打开课本，梳理信息，查找问题。

2. 怎样解答？——同桌讨论，梳理方法，解决问题。

（1）独立完成：在课本上操作解答。

（2）汇报交流：指名生到多媒体一体机拖拽珠子，操作解答。

预设1：从左往右观察，珠子是按蓝蓝红红4颗为一组的规律来排列的，按蓝蓝红红的规律往下数就知道掉的是1颗蓝珠子和2颗红珠子。

预设2：从右往左观察，珠子是按蓝红红蓝4颗为一组的规律来排列的，按蓝红红蓝的规律往下数就知道掉的是 2 颗红珠子和 1 颗蓝珠子。

3. 解答正确吗？——还原手链，圈规律组，检验解答。

（二）变式练习：课本第89页练习二十第4题

1. 知道了什么？——根据规律画出被挡部分。

2. 怎样解答？——数量按规律递增，渗透函数思想。

（1）方法梳理：根据 1，1 → 1，2 → 1，3 → 1，5 的规律来排列。

（2）自主完成。

（3）汇报交流。

预设：从左边看，珠子是按 1 黄 1 蓝、1 黄 2 蓝、1 黄 3 蓝的规律排列，黄珠子不变，都是 1 颗，蓝珠子每次增加 1 颗，所以方框里应该画 4 颗蓝珠子。

3. 解答正确吗？——还原数组 1，1 → 1，2 → 1，3 → 1，4 → 1，5，检验答案。（正确答案：4 颗蓝珠子）

（三）提升练习：课本第89页思考题

课后跟同桌或者家人一起比赛完成，下节课课前 3 分钟进行全班分享。

【设计意图：通过梯度练习由浅入深，帮助学生加深对规律的认识与理解，不断提升学生运用知识解决问题的能力。在变式练习题中，渗透函数思想，丰富学生的解决问题策略，从而培养学生的观察能力、分析能力和推理能力。】

四、课堂小结，内化提升

（一）这节课我们学习了什么知识？你有什么收获？

（二）知识延伸

师：今后我们还将继续学习跟规律有关的数学知识，只要你善于观察，主动发现，勤于思考，你就能借助这些有趣和神奇的规律解决更多的问题。

【设计意图：通过小结，帮助学生养成梳理知识的习惯，并掌握学习方法达到迁移应用的目的，在知识延伸中达成情感态度价值观的目标，增强学生学习的自信心。】

【板书设计】

找规律解决问题

知道了什么?

怎样解答?

左 ——→ 右: 为一组

右 ——→ 左: 为一组

解答正确吗?

方法:

1. 圈一圈。

2. 补一补。

3. 写一写。

以画图策略，促"四能"发展

——"解决关于时间的问题"教学设计

南宁市国凯路小学　杨健珍

【教学内容】

人教版《数学二年级上册》（2022年教育部审定）第七单元第92页例3"解决关于时间的问题"。

【设计理念】

本课以"情境创设—问题驱动—分析解决—反思总结—应用拓展"的课堂结构展开教学，关注问题串的设计、学生生活经验的利用、画图策略的培养等，让学生在动手、动脑、动情中发展"四能"。

【教材分析】

本课是在学生认识了整时半时、几时几分和1小时等于60分的基础上进行教学的，可为学生后续学习认识时、分、秒及相关计算打下基础。

【学情分析】

通过前面的学习学生已经能够比较准确地认识几时几分，积累了关于时间的生活经验，但时间概念对二年级学生来说还比较抽象，理解起来有一定的困难。

【教学目标】

1.学会用"几时几分"的知识分析生活中相关联事件发生的时间。

2.经历用时间的有关知识解决简单的实际问题的过程，形成初步的推理意识。

3. 感受数学与生活的紧密联系，养成珍惜时间、合理安排时间的良好习惯。

【教学重难点】

能合理推测事件发生的时间，培养推理意识。

【教学具准备】

教学课件。

【教学过程】

一、情境创设，激发经验

（一）谈话导入

1. 课件出示一组钟面（分别为 8：00，9：30，11：30），请学生读出钟面上的时间。

2. 引出"这是老师星期二在学校做的 3 件事情的时间"，出示"带早读课""带课间操""放学回家"。提问"你能猜猜老师是在哪个时间做哪件事吗？"请学生上来按对应的时间摆一摆。

追问："为什么放学回家的时间是在 11：30，而不是 9：30？"让学生明白事情的发生在时间上有一个先后的顺序。让学生尝试用"先……再……然后……"句式表述。

（二）唤醒已有经验

1. 学生结合生活经验用"先……再……然后……"句式说一说怎样合理安排时间做事情。

2. 明明和芳芳在星期天也有自己的时间安排，这节课我们将去帮他们解决一些关于时间的问题。（板书课题）

【设计意图：让学生读出一组钟面的时间，复习前面学过的知识，学生在具体事件与时间对应的过程中，调动了生活经验，并感受事情的发生在时间上是有先后顺序的，在生活中要合理安排时间。】

二、问题驱动，解决问题

（一）出示主题图，尝试解决问题

1. 出示例 3 图。引导学生观察图片，问："请你认真观察，从图中你

巧解数学问题——教学模式的建构与实践 ［三线五环］小学数学

知道了什么?"

2. 学生汇报。从学生的回答里提取明明做的 3 件事，做作业、踢球、看木偶戏，并板书。提问:"这里的可能是什么意思?"

3. 启发学生。完整地把条件和问题说一说。

4. 学生独立思考。在练习卡上把自己的想法写一写或画一画。

5. 学生在 4 人小组里说说自己的答案及理由。

（二）分析解决

师：推测"踢球可能在什么时间?""关键是什么?""你是怎么想的?"学生带上练习卡到展台前展示。

1. 直接推理法。

由主题图中的信息确定踢球的范围，踢球在做作业之后，在看木偶剧之前，也就是踢球的时间在 9：00 后，在 10：30 前，答案中只有 9：15 符合要求，所以第 2 个时间 9：15 才可能是明明去踢球的时间。

2. 排除法。

因为 9：00 明明才做完作业，做完作业才去踢球，第 1 个时间 7：45 在做完作业之前，不可能去踢球，所以这个时间可以排除。因为 10：30 要去看木偶剧，踢球是在看木偶剧之前进行的活动，10：50 在 10：30 之后，所以 10：50 这个时间也可以排除。因此踢球的时间只能是 9：15。

3. 一起回顾整理思考的过程，将时间和事件填入表格。

时间	7：45	9：00	9：15	10：30	10：50
活动		做完作业		看木偶剧	

根据上面的表格，你觉得明明踢球还可能是哪些时间?

（三）反思总结

这个结论正确吗? 可以怎么检验?

【设计意图：学生小组交流活动是在学生个人独立思考之后再进行，这样关注全体，使人人都有时间与空间参与学习过程。学生练习卡的使用是一个呈现学生思维过程的有效工具，可以把隐性过程可视化，全班汇报交流的过程就是让学生理解推理的过程，感受排除法。让学生看表格，猜明明踢球还可能是哪些时间，发散学生的思维。】

三、应用拓展，深化理解

（一）课本94页第4题

独立思考，哪个时间比较合适，全班交流自己的解题思路。

（二）连一连

课本94页第5题。

（三）填一填

课本94页第6题。

【设计意图：练习的设计紧扣教学内容，层层递进，巩固了新知，提高学生解决实际问题的能力。】

四、课堂总结

谈谈这节课你有什么收获。

【板书设计】

解决关于时间的问题

知道了什么？　　9：00　⟶　9：15　⟶　10：30

怎样解答？　　　做完作业　　踢球　　看木偶剧

解答正解吗？

以生为本，渗透数学思想

——"用除法解决周期问题"教学设计

南宁市民乐路小学　吴意松

【教学内容】

人教版《数学二年级下册》（2022年教育部审定）第六单元第66页例6"用除法解决周期问题"。

【设计理念】

本节课的设计理念是如何在解决问题中培养学生的"四能"，学生在具体情境中经历发现问题—提出问题—分析问题—解决问题的全过程。

【教材分析】

例题：按照下面的规律（1面黄2面红）摆小旗。这样摆下去，第16面小旗应该是什么颜色的？

"用除法解决周期问题"是在学生学习了表内除法、用竖式计算除法、余数的意义和会找简单规律的基础上进行教学的，是表内除法知识的综合运用与延伸扩展，目的是让学生运用有余数除法的知识解决生活中的实际问题。在具体编排上，课本通过"知道了什么、怎样解答、解答正确吗"三步骤，让学生经历审读题意、分析数量关系、寻找策略解决问题、回顾与反思全过程，并通过呈现不同思维水平、不同思考角度的解决问题的方法，使学生感受解决问题方法的多样性，促进学生思维能力的发展，有助于提高学生解决问题的能力。

【学情分析】

经过对执教的 2 个班共 97 名学生进行访谈调查和问卷调查发现，学生对平均分、有余数除法的计算以及找简单图形的规律都掌握得比较好，但将图示结合起来说说意思，就有 50% 的学生说不清楚，有 40% 的学生不知道余数余几就是下一组的第几面小旗，在列完算式后"商"和"余数"的单位混淆不清。

【教学目标】

1. 结合具体情境，通过观察、操作，了解解决与按规律排列有关问题的思路和方法。

2. 经历应用有余数除法中的"余数"解决生活中实际问题的过程，进一步体会解决问题策略的多样性，发展应用意识。

3. 感受用数学知识解决生活问题的喜悦，积累解决问题的基本经验。

【教学重点】

理解并掌握解决问题的思路和方法。

【教学难点】

理解余数在解决与按规律排列有关的问题中的作用与含义。

【教学准备】

小视频、课件、学习单、小旗。

【教学过程】

一、情境导入、激发兴趣

师：同学们，下星期一我们将以"争做四好少年"为主题开晨会，晨会上需要我们挥动手中的小旗，为了让我们的小旗看起来更美观、更有层次感，吴老师需要将小旗分一分。

观看视频。

【设计意图：创设学生熟悉的学校集会情境，从学生身边的现实问题引入，激发学生参与学习的积极性，感受到数学与生活的紧密联系。】

二、自主探究、学习新知

（一）自主探究用有余数除法解决实际问题

师：同学们，看完了这段视频你知道了什么？

预设 1：小旗是按 1 面黄旗、2 面红旗为一组重复排列的。（板书小旗，圈出一组）

预设 2：我们要求出第 16 个小朋友拿的是什么颜色的小旗。（板书问题）

师：你们有什么好办法能知道"第 16 面小旗的颜色"吗？（思考 1 分钟）

师：看来很多同学都有想法了，下面请你把自己的想法写在学习单（一）上，你可以在上面写一写、画一画、算一算，把自己的想法表达清楚。

写完后四人小组交流一下自己的想法。

【设计意图：学生通过动手操作、自主探究体会解决问题的策略和方法的多样性。】

师：刚才老师巡视的时候发现有的同学是这样做的。（按规律继续往下画）（板书画一画）

师：同学们，你们觉得这样做可以吗？谁来评价一下这个方法。

预设：这样做是可以的，但是如果要求的是第 100 面小旗的时候就太麻烦了。

【设计意图：数学思考是学生进行数学学习的核心，提出问题是引发学生数学思考的前提，学生通过交流发现画图的方法并不能解决所有的问题，从而主动思考，寻求解决问题的方法。】

师：你说得很有道理，所以老师发现有的同学是这样做的，他只用一道算式就知道"第 16 面小旗的颜色"了，这个方法还挺吸引人的，那它可行吗？下面我们就一起来研究研究，说不定能帮我们解决生活中这件麻烦的事情哦。（板书：用除法解决周期性问题）

师：你是怎么想到要用除法来解决的呢？

预设：因为一份份圈起来，每 3 面一份让我想到了平均分，所以想到了用 16÷3=5（组）……1（面）。

师：那 16、3、5、1 这些数分别表示什么呢？你能在图中边指边说让大家都明白你的意思吗？

预设：16表示这里的16面小旗，3表示每一份小旗里有3面，5表示平均分成5组，1表示还剩下1面小旗。

师：那16÷3表示什么意思呢？

预设：表示有16面小旗，每3面一组，可以分成几组。

师：那根据这道算式，你怎么就能判断出第16面小旗是黄旗了呢？

预设：因为把它分成5组后，还剩1面，这1面肯定是下一组的第一面，所以我就知道它是黄旗了。

师：哇！你的想法和你的表达都太精彩了。大家都听明白了吗？他是怎么判断的？

预设：他是先列除法算式，然后再根据余数来判断的，看它余几就是下一组的第几面。

【设计意图：本环节中，通过数与形的相互转化，运用抽象的除法算式与直观的图形结合让学生感受数形结合的思想方法，教师经过一连串的追问，引导学生从算式返回到情境，在此过程中让学生更清晰地理解用除法计算的原理，促使学生寻找余数和得数之间的联系，更好地把这一解题模型迁移到其他情境中。】

师：你概括得真到位，原来余数还有这么奇妙的用处呀。

师：那到底第16面小旗是不是黄色，我们是不是要验证一下呢？你想怎么验证？

预设：老师继续往下发旗。

出示视频。

（二）加深用有余数除法解决问题的理解

师：好的，现在老师要按学号来给大家发旗，我们称学号是1—30号的同学为A组，A组的同学按1面黄旗、2面红旗的规律发旗，如：1号黄旗，2号红旗，3号红旗……我们称学号是31—46号的同学为B组，B组的同学按1面蓝旗、4面红旗的规律发旗。算算看，你拿到的是什么颜色的小旗，把它写在学习单（二）上。

预设：拿到黄旗的同学请起立。

师：你是怎么判断你拿到的是黄旗的？

预设：看余数是1。

师：真聪明，那请拿到黄旗的同学说说你们的算式吧。

4÷3=1（组）……1（面）

7÷3=2（组）……1（面）

10÷3=3（组）……1（面）

13÷3=4（组）……1（面）

16÷3=5（组）……1（面）

19÷3=6（组）……1（面）

22÷3=7（组）……1（面）

25÷3=8（组）……1（面）

28÷3=9（组）……1（面）

师：请拿到蓝旗的同学起立。你们列的算式是什么呢？

31÷5=6（组）……1（面）

36÷5=7（组）……1（面）

41÷5=8（组）……1（面）

46÷5=9（组）……1（面）

师：同学们，你们发现了什么？

预设：余数都是1。

师：奇怪了，余数都是1，怎么你们拿到小旗的颜色却不一样呢？

预设：因为每一组的规律不一样，余数是1表示拿到的是下一组的第1面，A组的第1面是红旗，B组的第1面是蓝旗，所以我们拿到的小旗颜色不一样。

师：你的回答可真专业，那你们还有别的发现吗？

预设：A组的除数是3，B组的除数是5。

师：对呀，为什么它们的除数不一样呢？这除数根据什么来确定的呢？

预设：除数根据每一组小旗的数量来确定的，A组每组有3面旗所以除以3，B组每组有5面旗所以除以5。

（三）探究余数是0的情况

师：看来大家对用除法解决周期问题都非常清楚了。可是有的同学不开心了，因为他列的算式是这样的。（出示学生作业）没有余数，他正苦恼自己是不是就没有小旗了呢？

预设：老师，我觉得他有小旗的，余数是0，比如说：9÷3=3（组）。

说明正好够完整的几组，那他拿到的小旗就应该是第三组的最后一面，应该是红旗。

【设计意图：操作活动后的交流反思是从中提取数学信息的重要环节。首先通过A、B两组不同的小旗规律，引导学生观察不同的操作结果，提取共同属性或一般方法，最后再给全体学生分享集体的学习成果。这一教学环节中引导学生通过自主探究获得初步发现，顺应学生的认知需求，通过进一步的实验论证寻求一般性，力求使学生经历一个完整的有目的、有设计、有步骤、有合作的实践活动，丰富学生的活动经验。】

师：你的回答实在太精彩了，老师都忍不住要给你掌声了。那现在老师要开始发旗了哦，请拿到黄旗的同学起立。（发黄旗）请拿到蓝旗的同学起立。（发蓝旗）那其他同学发的是什么颜色的旗？

预设：红旗。

师：是的，你们看利用数学知识我们把那么复杂的发旗一下子就变得简单了。

【设计意图：将数学融入生活，使学生深刻地体会到利用数学知识可以让生活中复杂的问题变得简单化，从而激发学生学习数学的兴趣。】

三、课堂小结

今天这节课你学会了什么？

【板书设计】

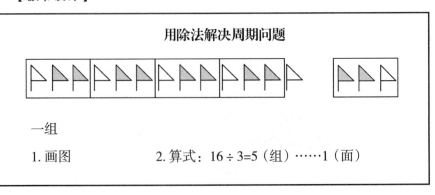

积累活动经验，构建数学模型

——"求一个数是另一个数的几倍"教学设计

南宁市云景路小学　蓝　青

【教学内容】

人教版《数学三年级上册》（2022年教育部审定）第五单元51页例2"求一个数是另一个数的几倍"。

【设计理念】

学生借助多元表征及其之间的转化，感受和经历知识的形成过程，获取数学活动经验，渗透数学模型思想。

【教材分析】

例题：教室里扫地的有4人，擦桌椅的有12人。擦桌椅的人数是扫地的几倍？

本课是第五单元"倍的认识"中的第二课，教材通过呈现学生熟悉的大扫除情境，引导他们借助直观示意图探究新知，把"求一个数是另一个数的几倍"转化为"一个数里有几个另一个数"，从而解决问题并进一步从除法的角度加深对倍的概念的理解，体会倍的本质。

【学情分析】

学习本课内容之前，学生已经学习了有关除法的知识，经历了由旧知识"几个几"转化建立倍的概念的过程。因此，本课要紧扣倍的知识，联系生活实际设计丰富的活动。注重让学生充分经历用语言描述问题、画图表征数量关系、列除法算式解决问题的过程，加深学生对倍概念的认识。

【教学目标】

1. 通过画一画、圈一圈、想一想、说一说等活动，直观感受并理解"求一个数是另一个数的几倍"的数量关系，会解决简单的实际问题。

2. 在探索解决问题的过程中感受几何直观的作用，初步形成借助图形分析、解决问题的能力，感悟模型思想。

3. 培养学生分析问题能力和语言表达能力，感受数学与现实生活的联系。

【教学重点】

借助直观示意图理解"求一个数是另一个数的几倍"问题的数量关系，会解决简单的实际问题。

【教学难点】

引导学生在语言表征、图形表征、算式表征等多种表征之间进行转化。

【教学具准备】

课件。

【教学过程】

一、回顾旧知，铺垫孕伏

看图回答：

请学生回答后指出：同学们对倍有了一定的认识，今天我们就运用倍的知识解决问题。（出示课题：解决问题）

【设计意图：引导学生回顾倍概念的有关知识，为进一步学习做好知识和方法上的准备。】

二、创设情境，提出问题

（一）出示情境，理解题意

1. 教师出示例2情境：教室里扫地的有4人，擦桌椅的有12人。

2. 引导学生阅读。

提问：你知道了什么？

指名交流后，提问：谁能根据这些数学信息提出数学问题？

预设学生提出的问题：

一共有多少人？

擦桌椅的同学比扫地的同学多多少人？

扫地的同学比擦桌椅的同学少多少人？

擦桌椅的人数是扫地的几倍？

（二）揭示问题

今天我们就来研究有关倍数的问题——擦桌椅的人数是扫地的几倍？

【设计意图：时刻关注学生的"问题意识"，培养学生发现和提出问题的能力。】

三、多元表征，分析图意

（一）画图分析，直观感知

1. 提问：擦桌椅的人数到底是扫地的几倍呢？你能用图清楚地表示出来吗？比一比，谁的图能让我们一眼就看出擦桌椅的人数是扫地的几倍。

2. 学生尝试画图。

3. 展示交流，分析图意。

引导学生对画出的图进行理解。重点引导学生交流：①同学们是用什么来表示人数的？②怎样用图表示出擦桌椅的人数是扫地的几倍？

小结：通过圈一圈的方法同学们都明白了：要求擦桌椅的人数是扫地的几倍，就是看12里面有几个4，那它就是扫地人数的几倍。

【设计意图：引导学生尝试画直观图来感知分析数量关系，理解要求擦桌椅的人数是扫地的几倍就是看12里面有几个4。同时让学生意识到画图策略是帮助弄清题意、解决问题的重要手段。】

（二）列式计算，初建模型

提问：你会列算式计算吗？说说你的想法。

指名列式，引导分析：为什么都能用除法计算？（教师板书：12÷4=3）

学生交流后教师小结：要求擦桌椅的人数是扫地的几倍，就是求12里面有几个4，用除法计算。

说明：倍表示两个数量之间的关系，不是单位名称，所以不需要写"倍"字。

【设计意图：使学生经历图文情境—图示化—模型化（算式）的解题过程，通过多元表征，多角度理解"求一个数是另一个数的几倍"就是"求一个数里有几个另一个数"的含义，初建求倍数问题时用除法计算的数学模型，并帮助学生把解题经验上升为数学方法。】

（三）回顾与反思，加深认识

提问：解决问题经过了阅读与理解、分析与解答，接下来要进行回顾与反思。谁来？

小结：刚才我们通过画图圈一圈和计算这两种方法解决了大扫除的问题。

【设计意图：在对检验方法进行指导的同时，培养学生形成检验的良好习惯。】

四、巩固运用，深化理解

（一）分一分，算一算（学生独立完成后再集体评议。）

1.

🌻 的朵数是 🌹 的几倍？

□ ○ □ ＝ □

2.

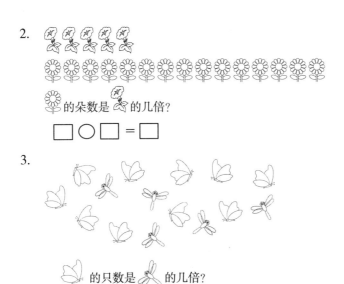

的朵数是 ✿ 的几倍?

□ ○ □ = □

3.

的只数是 ✿ 的几倍?

□ ○ □ = □

【设计意图：通过练习，加深学生在语言表征、图形表征、算式表征等多种表征之间进行转化体会，建立把"求一个数是另一个数的几倍"转化为"求一个数里面有几个另一个数"用除法计算的数学模型。】

(二) 解决问题，拓展深化

| 24只 | 18只 | 8只 | 6只 |

1. 独立解决，全班交流：小鹿的只数是小猴的几倍?

2. 你能提出有关倍的问题并解答吗?

学生相互提出问题并解答后，着重引导思考：①为什么兔子的只数不变，同学们一会儿说它是 3 倍，一会儿说它是 4 倍呢? ②如果我把兔子的只数变成是天鹅的 4 倍，应该增加几只兔子? 如果我把兔子的只数变成是小猴的 5 倍，应该增加几只兔子? 为什么都是多 1 倍，增加兔子的只数不一样呢?

在学生交流后小结：在解决有关倍的问题时，要看清楚是谁和谁比，把谁看做一份。

3. 教师补充提问：小鹿的只数是天鹅的几倍?

引导学生发现：小鹿和天鹅之间虽然不是整数倍，但是也有倍数关系，将来我们会学习用分数或小数来表示它们之间的倍数关系。

【设计意图：让学生在变化中深化对倍的认识。明确在"求一个数是另一个数的几倍"时是谁跟谁比，把谁当作标准量。引导学生能够用语言表达数量间的倍数关系。】

五、对比沟通，构建模型

提问：同学们，今天我们所解决的这些问题都有什么相同的地方？

学生交流后，全课总结：

今天我们所解决的问题都是"求一个数是另一个数的几倍"。这个问题我们可以转化成"求一个数里面有几个另一个数"，用除法计算。（板书课题：求一个数是另一个数的几倍）

【设计意图：总结阶段引导学生反思，提炼解决问题的方法和策略，建立数学模型，提升解决问题的能力。】

【板书设计】

解决问题——求一个数是另一个数的几倍

阅读与理解
擦桌椅的人数是扫地的几倍？

分析与解答（示意图略）　　　　　　小鹿的只数是猴子的几倍？
　　　　　　　　　　　　　　　　　　　　$18 \div 6 = 3$

12里面有几个4，用除法计算。　　兔子的只数是天鹅的几倍？
　　　　　$12 \div 4 = 3$　　　　　　　　　$24 \div 8 = 3$

答：擦桌椅的人数是扫地的3倍。　兔子的只数是小猴的几倍？
　　　　　　　　　　　　　　　　　　　　$24 \div 6 = 4$

回顾与反思：① $12 \div 4 = 3$
　　　　　　②$3 \times 4 = 12$（人）
　　　　　　③$12 \div 3 = 4$（人）

借助画图策略，培养模型意识

——"归一问题"教学设计

南宁市东葛路小学　雷嘉杰　陈兑清　陈幸幸

【教学内容】

人教版《数学三年级上册》（2022 年教育部审定）第六单元 P71 例 8 "归一问题"。

【设计理念】

借助数形结合帮助学生分析数量关系，通过各环节层层推进，建构 "归一问题"数学模型。

【教材分析】

例题：妈妈买 3 个碗用了 18 元。如果买 8 个同样的碗，需要多少钱?

本课是用乘除两步计算解决含有"归一问题"数量关系的实际问题，是一步乘除运算的延续和拓展，也是运用模型解决数学问题的重要开端。做好"归一问题"教学，对于帮助学生形成解决问题的一些基本策略，体验解决问题策略的多样性，具有重要意义。教学可采用"摘录信息和问题"理解题意、利用"画示意图"分析数量关系的解题策略。在教材中，"归一问题"的教学定位主要有两点：一是解决"归一问题"，建构"归一问题"数学模型；二是让学生在解决简单的实际问题中，感受画线段图、文字描述等都是解决问题的一些策略。在解决问题过程中，掌握数学思考方法，感悟数学模型思想，促进解决问题能力的深度发展，为今后借助线段图分析稍复杂的数量关系打下基础。

【学情分析】

通过对全班学生进行作业检测发现，全班大多数学生能根据数量关系熟练解答一步计算的问题，有少数的学生能独立解决"归一问题"。但他们在解决问题上大多只凭感性经验，对于数量关系的理解不够深刻，画图帮助分析和解决问题也不是自觉行为，需要继续加强。之前解决一步计算的问题，数量关系简单明了，学生不用对信息进行书面整理，因此他们缺乏整理条件和问题的意识和能力。因此本节课的教学重点是通过画示意图培养学生分析问题和解决问题的能力，并掌握"归一问题"的解答规律，建构"归一问题"数学模型。

【教学目标】

1. 学生会用乘除两步计算解决含有"归一"数量关系的实际问题。

2. 学生经历用画图分析数量关系的过程，培养几何直观。

3. 学生通过对比辨析，初步建立"归一问题"模型，培养比较、归纳能力，感受数形结合思想和模型思想。

【教学重难点】

教学重点：能借助图示分析含有"归一"数量关系的问题。

教学难点：建立"归一问题"的数学模型，掌握一般的解题策略。

【教学具准备】

多媒体课件。

【教学过程】

一、创设情境，引入新知

师：上课之前，先来一个小热身，请同学们根据信息提问题。

课件出示：

1. 4件衣服要钉24颗扣子。（预设生提问：一件衣服要钉几颗扣子？）

2. 8本练习本的价格是56元。（预设生提问：一本练习本的价格是多少元？）

3. 汽车3小时行驶了180千米。（预设生提问：一小时可以行驶多少千米？）

师：同学们观察一下，大家提出的问题都有什么共同点？（求一份是多少）知道了这一份是多少，我们除了可以知道 4 件衣服要 24 颗扣子，还可以求……（6 件、10 件、100 件）要多少颗扣子。这一份的数量很重要呀。

【设计意图：通过让学生根据简单信息提出问题，使学生对"一份量"印象深刻，便于后续解决问题的模型建立。】

二、探究新知，建立模型

（一）阅读与理解

教师用课件出示例 8，请学生进行解决问题的第一步——阅读与理解。提问："谁来说说你从题目中找到了什么信息和问题？"（生说信息和问题，教师简单板书）

师：怎么理解"同样的"？（每个碗的价格相同）

师：我们在阅读信息的时候，要抓住关键的词来帮助我们分析。

【设计意图：该环节让学生自己从主题图中找到信息以及问题，教师将其整理成题目，帮助学生更好地对问题进行分析和理解。】

（二）分析与解答

1.师：我们在进行了阅读与理解之后，接下来就是分析与解答。

请同学们仔细分析题目中的信息和问题，想想它们之间有什么关系？在草稿本上画图表示出题意，然后列式解答。（课件出示学习要求）

学生独立完成，并在小组内交流，教师巡视指导。

2.汇报交流。

师：哪个小组的同学来和大家分享一下你是怎么分析与解答的？

预设 1：我画圆来代表碗，3 个碗 18 元，要想知道 8 个碗多少钱，首先要知道 1 个碗多少钱，18÷3=6（元），8 个碗的价格就是 8×6=48（元）。

师：大家有什么想问的吗？（生生之间进行交流）

预设 2：我画的是线段图，用线段来代表碗，3 个碗 18 元，要想知道 8 个碗多少钱，首先要知道 1 个碗多少钱，18÷3=6（元），8 个碗的价格就是 8×6=48（元）。

师：这两组同学画的图虽然不一样，但是他们的思路是一样的，都是先求什么？（1 个碗的价格）

板书：

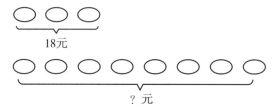

1个碗的价格：$18 \div 3 = 6$（元）

8个碗的价格：$6 \times 8 = 48$（元）

【设计意图：让学生在观察、对比、思辨中厘清思路，在读懂和思考的同时沟通各种图示的内在联系，经历从直观（象形图）到抽象（线段图）的过程，促进学生主动建构数学模型，初步感悟模型思想。】

（三）回顾与反思

师：问题解决了，我们接下来要进行回顾与反思，你的解答正确吗？你怎么检查？

1. 预设 1：学生再算一遍。（说清楚思考的过程，还有没有其他方法？）

2. 预设 2：用逆推的方法。（怎么逆推？结果与条件吻合吗？）

师：回顾刚才解决买碗的问题，我们经历了哪些步骤？

用画图的方法对题目进行阅读与理解，接着借助图进行数量分析，并列式解答（分析和解答），最后还得回过头检查（回顾与反思），思路和结果是否正确。

师：求 8 个碗的价格你们会了，那求 10 个碗、20 个碗，甚至 100 个碗的价格，你会求吗？

明确：先求出 1 个碗的价格。

追问：为什么要先算 1 个碗的价格？

生：知道了 1 个碗的价格，才能算多个碗的价格。

【设计意图：引导学生回顾解决问题的全过程，提炼本课的核心知识，"归一问题"的关键就是要先求出一份的量，让学生认识到探究方法的多样化，进一步提高解决问题的能力，发展逻辑数学智能和自我认知智能。】

（四）延伸比较，建立模型

1. 师：解决了 8 个碗需要多少钱的问题，我们再来看一看下面这个问题。

课件出示：想一想，18 元可以买 3 个碗，30 元可以买几个同样的碗？

2. 学生独立思考，解决问题。

3. 对比分析。

师：问题明明不一样，为什么都是先算 18÷3=6 呢？

预设：因为要先算一个碗的价格，才能算多个碗的价格。

师：真不错，那它们有什么不同？

预设：不同的是第一个例题的第二步要用乘法计算，第二个例题的第二步用除法计算。

师：为什么呢？

预设：因为一个碗 6 元，买 8 个碗就是算 8 个 6 元是多少，用乘法计算。30 元能买多少个同样的碗，就是要算 30 元里面有多少个 6 元，用除法计算。

【设计意图：让学生在解决例题的基础上，解决"归一问题"的另外一种题型，同时教师和学生一起总结出这种问题的类型，学生的印象更深刻。】

三、实践应用，深化建模

师：刚才我们帮助了妈妈解决在超市买碗的一些问题，大家完成得都很不错。现在有一位同学，他遇到了一些困难，想请同学们帮帮忙，接下来让我们一起来看一看。

（一）判断题

1. 小林读一本故事书，3 天读了 24 页，照这种速度，7 天可以读多少页？

24÷3=8（页）　　　　7×8=56（页）　　　（　　　）

2. 陈老师买 2 个文具盒用 18 元，照这样的价格，54 元可以买多少个文具盒？

18÷2=9（元）　　　　54÷9=6（个）　　　（　　　）

3. 把 4 本相同的书摞起来，高度是 24 毫米，照这样计算，30 本这样的书摞起来，高度是多少？

24÷4=6（毫米）　　　30÷6=5（毫米）　　（　　　）

师小结：类似这样的问题，在我们生活中还有很多很多，人们生动地把这种问题称为"归一问题"。

【设计意图："一个碗的价钱""一天读的页数""一个文具盒的价

钱""一本书的厚度"……通过师生交流、生生交流，让学生进一步感知解决"归一问题"时，"每一份的量"是解决问题的关键，突出"归一问题"中，先求"1"的重要性。这既是学习探索、归纳、总结的过程，也是模型思想的构建过程。】

（二）计算小能手

校园里，同学们正在进行大扫除，3名同学擦12块玻璃。

（1）照这样计算，6名同学可以擦多少块玻璃？

（2）教室共有36块玻璃，一共需要几名同学擦？

【设计意图：借助画图策略，让学生直观理解数量之间的倍数关系，在对比中发现："归一问题"中的"1"，不仅仅可以是单一的量，还可以是"一个整体"，如3名和6名，将"3名"看作"1份"，那6名同学里面有2个这样的"1份"；又如12块和36块，将"12块"看作"1份"，那36里面有3个这样的"1份"。同一问题，不同解法，让学生掌握数学的思考方法，体验解决数学问题的变化、联系和共同之处，加深对"归一问题"数学模型的理解和应用，体会解决问题策略的多样性，提高数学思维的灵活性。】

四、回顾整理，全课总结

师：这节课我们学习了解决"归一"类型的数学问题，你有什么收获？（学生畅所欲言）

【板书设计】

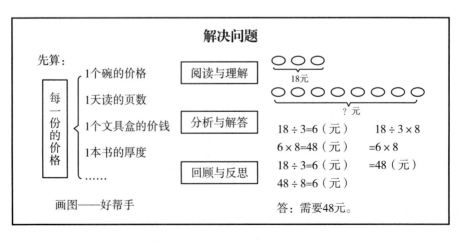

关注过程，提高实效

——"连乘解决问题"教学设计

南宁市东葛路小学　冯　洁　陈幸幸

【教学内容】

人教版《数学三年级下册》（2022年教育部审定）第四单元第47页例3"连乘解决问题"。

【设计理念】

本课结合"三线五环"教学模式，合理运用有效的教学策略，引导学生通过点子图解决问题，渗透从不同角度思考问题的方法，有效帮助学生建立解决问题的模型，形成解决问题的策略，发展数学思维。

【教材分析】

例题：某超市一个月卖出5箱保温壶，每箱12个。每个保温壶售价45元，一共卖了多少钱？

本例题是用连乘两步计算解决实际问题，并要求列出综合算式，渗透单价、数量、总价的数量关系。在分析与解答环节，体现解决问题策略多样化的思想。由于第一步要解决的问题不同，会有两种解决问题的思路。对于两种思路的呈现，教材分成两个层次。第一层次，先以分布方式展现解题过程，并用文字说明每一步要解决的问题；同时要求学生自己完成第二步的列式，培养学生思维的有序性和条理性，也为后面列综合算式做好准备。第二个层次，通过小精灵的话，要求列出综合算式，教材给出了综合算式，让学生补充计算结果。在回顾与反思环节，借助两位学生的对话，体现对结果的检验和对数量关系的总结和概括，使学生感悟"总价 = 单价 × 数量"这一数量关系。

【学情分析】

学生在前面的学习中，已经积累了一定的数量关系及解决问题的经验，但是没有系统学习分析问题的方法。因此，在学习用连乘解决问题时，寻找中间问题和解决问题的中间量是学生解决问题的难点，教学中要让学生多说多想，学会分析数量关系，最终掌握解决连乘问题的策略。

【教学目标】

1.经历用两步连乘计算解决问题的过程，在实际情境中理解数量关系，并学会用两步连乘计算解决问题。

2.通过解决具体问题，进一步发展整合信息的能力，经历"一题多解"的学习过程，体会解题策略的多样性，获得一些用两步连乘计算解决问题的活动经验。

3.在探究中感受数学和生活的联系，增强数学的应用意识。

【教学重点】

能对获取的信息进行正确分析，运用两步连乘计算解决实际问题。

【教学难点】

理解数量关系，体会解决问题策略的多样性，学会有条理地分析和解决问题。

【教学具准备】

多媒体课件，作业单。

【教学过程】

一、课前反馈

师：同学们，在课前，我们通过观看微课，了解了我们教学楼的一些相关信息，并试着自己提问题，完成了课前学习任务单，同学们完成得很棒！

师：看，有的同学提了一共有几间教室的问题（课件），还有的提了每层楼有几张桌子的问题（课件），这两个问题都是通过一步计算就可以解决的。还有的同学提了全校共有几张桌子的问题，这个问题能通过一步计算解决吗？

预设：不能。

师：请 2 名学生说一说自己的列式。

引导学生明确在数学学习中，解决问题需要循序渐进，一步接着一步，最终才能顺利得出答案。

师：今天我们继续来解决问题。

【设计意图：将课前任务单的完成情况在班上进行反馈，让学生感受到在数学学习中解决问题需要循序渐进，想清楚解题顺序，一步一步解决才能顺利得出答案，为接下来的新课做好铺垫。】

二、创设情境，探究新知

（一）阅读与理解

课件出示教科书第 47 页例 3 例题图。

师：同学们瞧，这是什么地方？

预设：超市。

师：货架上摆着许多保温壶，我们一起来读一读题目，看看你能得到什么数学信息呢？

预设：超市一周卖出 5 箱保温壶，每个保温壶卖 45 元，每箱有 12 个保温壶。

师：同学们看，刚才我们通过阅读与理解，找到了 3 个数学信息，解决的问题是什么？

一共卖了多少钱？（课件）

师：你们会解决这个问题吗？

（二）分析与解答

1. 独立尝试画图。

师：如果解决问题的时候遇到困难，可以用什么方法帮助我们呢？

预设：可以画图。

师：画图是个好方法。你们能试着用画图的方法解决这个问题吗？请同学们拿出课堂任务单，试一试吧。

学生尝试自己画图。

2. 展示交流。

教师选择几份作品让全班同学讨论交流。预设：有画点子的、不同图形的。

师：你为什么这样画呀？

小结：这几个小组，他们画的图形虽然不一样，但是都把题目的信息表示出来了。你是怎么列式的？

（1）方法一：先求一箱保温壶的单价。

师：哪个组先来和大家说一说你们是怎样解决的？

（投影展示）

预设：45 × 12=540（元）　　540 × 5=2700（元）。

生：我先求出每箱的价格，再乘数量 5 箱。

引导学生发现第 1 步计算的结果，作为第 2 步计算所需要的信息。

师小结：先求出每箱卖多少钱，很关键。先求出每一箱的价钱，也就是单价，再乘数量，就等于总价。

巧解数学问题——
教学模式的建构与实践
「三线五环」小学数学

投影展示综合算式的列法。

师：老师刚才发现有的同学是这样写的（投影），我们请他也上来说一说。（生上台）你列的是综合算式，你跟大家讲一讲你是怎么想的。

预设：综合算式，第 1 步是 45×12，先求出一箱的价钱，再用一箱的价钱乘数量，乘 5 箱。

引导学生明确列综合算式的解题思路和前面的分步算式是一样的，借助树形图加深理解。

课件出示：树形图。

（2）方法二：先求一箱保温壶的数量。

师：老师发现还有的同学是这样写的。看，这是谁的方法？

预设：12×5=60（元）　　　　　60×45=2700（元）。

生：我先求出一共有几个保温壶，再用数量 60 个乘单价 45 元，就可以求出总价。

师：也就是用数量乘单价。所以，第 1 步要先求数量，这样的解题思路，也是可以的。有列综合算式的吗？谁上来跟大家讲讲？

教师让学生上来展示分享。

预设：12×5×45。

生：第 1 步是先求数量，再用数量乘单价，就可以求出总价。

教师通过课件引导学生回顾解题思路，揭示这就是分析与解答的过程。

（三）回顾与反思

师：同学们真是太棒了，能用两种不同的思路解决今天的问题，不但会列分步算式，还会列综合算式，太厉害了！接下来我们一起来回顾反思。

师小结：这道题的两种解题思路，不管是先求一箱保温壶的价钱，还是先求一箱保温壶的数量，最终都是用单价乘数量这样的数量关系求出一共卖出的价钱，两种方法的思路都是正确的，计算过程也是正确的，得到的结果都是 2700 元。

（四）揭示课题

师：仔细观察这两种方法，你有什么发现？

相同点：最后的解决结果相同，都连续用了两次乘法来计算。

师小结：我们连续用了两次乘法，这就是我们今天学习的用连乘解决问题。

（揭示课题：解决问题）

【设计意图：在本环节的教学中，创设与学生生活密切相关的购物情境，以一共能卖多少钱的问题为任务驱动，激发学生探索欲望。在解决问题的过程中，学生调动已有认知和经验，通过画图的方式，师生共同探索解决问题的策略和方法，最后引导学生进行回顾反思与总结建模，感悟此题的数学本质就是求几个几的和，进而对乘法有进一步的理解，同时积累解决问题的策略和经验。】

三、应用拓展，深化理解

下面请同学们拿出课堂作业单，我们一起来完成基本练习吧。

（一）小试牛刀

请把算式连到相应的问题：

学校图书室有 8 个书架，每个书架有 5 层，每层可放 70 本书。

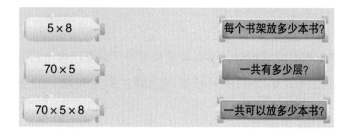

师：哪个同学上来连一连？

学生独立解答，教师巡视。

（二）夯实基础

接下来请在任务单上完成提升训练，课本 47 页做一做。

三（1）班 4 个小组的同学去摘苹果，每个小组 8 人，平均每人摘 15 千克。一共摘了多少千克苹果？

引导学生思考先求什么，再求什么，为什么要先求。

（三）学以致用

你能添上一个条件和问题，使它变成连乘的解决问题吗？在任务单上试一试，并列式解答。

作文本纸每页有 20 行，每行可以写 16 个字，＿＿＿＿＿＿＿＿＿＿＿＿＿，
＿＿＿＿＿＿＿＿＿＿＿＿＿＿＿？

【设计意图：通过层层递进的练习，让学生在解决实际问题的过程中，深入理解乘法的意义和用多种思路解题的方法，将所学的新知识、所获的新能力综合运用，迁移到其他问题的解决，促使学生灵活运用所学知识解决问题。】

四、回顾梳理，总结收获

师：通过这节课的学习，你有什么收获？

师：在我们的生活中处处都有数学，希望每个同学都能注意观察，发现、提出身边的数学问题，并运用所学的数学知识去解决这些问题。

【设计意图：通过小结分享，鼓励学生用数学的眼光观察世界，有利于学生发现和提出问题能力的提升。】

【板书设计】

<table>
<tr><td colspan="2" align="center">解决问题</td></tr>
<tr><td colspan="2">题目</td></tr>
<tr><td>45×12=540（元）</td><td>12×5=60（元）</td></tr>
<tr><td>540×5=2700（元）</td><td>45×60=2700（元）</td></tr>
</table>

关注经验，渗透方法

——"计算简单的经过时间"教学设计

南宁市中山路小学　李　成

南宁市东葛路小学　黄志平

【教学内容】

人教版《数学三年级下册》（2022年教育部审定）第六单元第77页例3"计算简单的经过时间"。

【设计理念】

本课注重在学生原有知识和经验的基础上教学，给学生充分的探究和交流空间，在教学过程中渗透方法，体现知识共性与学生个性的结合。

【教材分析】

例题：小红坐火车去奶奶家当天能到达，小红要坐多长时间的火车？（钟面显示上午9时发车，下午6时到站）

本课是在学生认识了24时计时法的基础上进行教学的。学生在三年级上册学过"时分秒"，已经会用普通计时法计算时间。本课内容时间的呈现既有普通计时法又有24时计时法，需要学生主动调用24时计时法的相关知识来解决问题，还要借助钟面、时间轴计算出经过时间，初步理解时间和时刻的意义。本课例题先呈现计算同一天的经过时间，引导学生把普通计时法改成24时计时法再计算，接着在课后练习中呈现计算跨天的经过时间，引导学生分段计时，这是本课知识的生长点，也是教学的重点。

【学情分析】

学生在三年级上册已经初步学习了计算简单的经过时间，会根据"结束时间 – 开始时间 = 经过的时间"的数量关系求出同一段时间内简单的经过时间。教学时可以充分利用学生已有的经验，激发学生独立思考、合作探究、自主感悟等动力，化难为易，统一思路，培养学生解决问题的自觉性和积极性。

【教学目标】

1. 会计算简单的经过时间，加深学生对 24 时计时法的认识。

2. 学生在自主探究计算简单的经过时间过程中，初步掌握一些求经过时间的方法，促进学习迁移和知识的融会贯通，进一步发展学生的推理能力和解决问题的能力。

3. 体会简单的时间计算在生活中的应用。

【教学重难点】

重点：会计算简单的经过时间，加深学生对 24 时计时法的认识。

难点：理解计算经过时间的方法的原理。

【教学具准备】

课件、学习单。

【教学过程】

一、创设情境，复习铺垫

（一）谈话引入："五一"假期大家去哪玩了？

预设：去旅游、去公园、去书店……

师：你们的假期过得很充实很有意义。小明和爸爸妈妈是这么安排假期的，他们自驾去桂林旅游。

（二）复习旧知

出示复习题。

师：你知道了什么数学信息？要解决什么问题？

预设：上午 7 时出发，中午 12 时到达，他们开车需要多长时间？

师：你会列式计算吗？

预设：12–7=5 小时。

师：你是怎么想的？

预设：7 时出发，12 时到达，经过了 5 小时。

（三）小结过渡

生活中，我们经常需要计算经过了多长时间。让我们带着这些学习经验，继续学习计算经过的时间。

板书课题：解决问题——计算简单的经过时间。

【设计意图：新课程标准指出，解决问题的内容应选择和学生生活联系密切的素材。因此，创设"五一"假期去哪玩的问题情境，引导学生发现生活中需要解决"经过多长时间"的问题，感受数学与生活息息相关，引发探究欲望。学生通过解决简单的问题，增长学习经验，为后面学法迁移做好知识铺垫。】

二、自主探究，主动构建

（一）收集信息，提出问题

师：小红和爸爸妈妈"五一"假期坐火车去看望奶奶。

（出示例 3 主题图）

师：你从图中知道了什么数学信息？你想提出什么问题？

预设：上午 9 时发车，下午 6 时到站，小红要坐多长时间的火车？

（二）分析问题，解决问题

提出学习要求：在学习单上记录你的思考过程，用画一画、算一算等方法，让大家看得明白。

教师巡视，收集学生的典型作业。

（三）汇报交流，体验解题方法多样性

师：大家独立思考，认真作答，想出了很多不一样的方法，我们听听这几位同学是怎么想的。

依次展示方法：数钟面、时间轴、换成 24 时计时法、分段计时。

1. 数钟面。

预设：数钟面的数字，从上午 9 时数到下午 6 时，数了 9 小时。

师：他数数字时从哪个数字开始？到哪个数字结束？

预设：从 10 开始数，到 6 结束。

师：请你带领大家再数一次。（生比划，其他生一起数：1、2……9）

课件演示：时针从上午 9 时转动到下午 6 时。

师：和他的方法一样的请举手。你看，很多同学支持你。大家把掌声送给他。数钟面的数字，这种方法挺不错。

2. 时间轴。

师：你是怎么想的？

预设：画钟面太麻烦了，我画上午 9 时到下午 6 时的时间轴，这样简单点，数了 9 个小时。

师：你能找到更简单的画图方法，帮助自己理解题目意思，给你点赞。

3. 换成 24 时计时法。

师：你的方法是列式计算，跟大家介绍一下吧。

预设：我把下午 6 时换成 24 时计时法，6 加 12 等于 18 时，再用 18-9=9 小时。

板书：24 时计时法　　下午 6 时 =18 时　　　18-9=9（小时）

师：你能运用改写时间的方法来计算，太棒了。其他同学会用这个方法吗？向老师挥挥手。大家把掌声送给自己吧。

4. 分段计时。

师：你的算式是 3+6=9 小时，跟别人不一样，可以说说算式的意思吗？

预设：3 表示上午 9 时到中午 12 时已经过了 3 小时，6 表示从中午 12 时到下午 6 时过了 6 小时，合起来一共坐了 9 小时的火车。

相机板书：上午 9 时→中午 12 时→下午 6 时

3+6=9 小时

师：你们听懂了吗？（请学生补充说明）

小结：他把坐火车的时间分为两段，以中午 12 时为分界点，先算 12 时以前多长时间，再算 12 时以后多长时间，再把两段时间合起来。这个方法叫作"分段计时"法。

板书：分段计时。

师：还有其他方法吗？

5. 观察对比，优化方法。

课件出示上面 4 种方法。

师：这么多的方法，你们喜欢哪种方法呢？

预设：喜欢数钟面，不容易出错。喜欢列式计算，方法简单。……

师：这些方法都有一个相同的地方，你看出来了吗？（结束时间－开始时间＝经过时间）

小结：明白了这两个时间之间的关系，我们就可以很快地列式计算。

6. 回顾反思，积累经验。

师：怎样知道解答得对不对呢？跟同桌说说你的想法。

学生和同桌交流。

学生汇报。

预设：

（1）不看算式和答案，再算一次。

（2）9＋9＝18 时，18 时换成普通计时法是下午 6 时。

（3）看钟面、时间轴再数一次。

……

小结：刚才我们通过回顾答题的过程和方法，再次数钟面、数时间轴、用分段计时和换成 24 时计时法方法算一次，可以确定这个答案是正确的。希望大家能养成回顾反思的好习惯，提高答题正确率。

【设计意图：本环节的教学过程从以下几个层次逐步展开：自主探究→展示交流→观察对比→回顾反思。先引导学生独立思考，自主迁移学法；接着全班交流，让学生体验解决问题方法的多样性；再从众多方法中找到共性，即结束时间－开始时间＝经过时间；最后引导学生及时回顾反思，掌握检查的方法，培养及时反思的学习习惯。这样的设计，给予了学生充分的探究、思考、交流的空间，有利于学生积累解决问题经验和方法。】

三、应用拓展，提升能力

（一）练习一：计算跨天的经过时间

出示 77 页做一做。

师：由于白天坐车时间太久，晚上小亮很早就上床睡觉。你从图中得到哪些信息？要解决什么问题？

学生独立解答。

学生在小组里交流。

汇报交流。

预设：数钟面、分段计时。

（二）练习二：计算出发时间

出示题目：王阿姨是我的好朋友，她乘坐下午 1 时 50 分的飞机去出差，她从家出发到机场办理登机手续，一共需要 1 小时 30 分，飞机起飞前 45 分钟停止办理登机手续，她必须在什么时候之前从家出发？

温馨提示：如果遇到困难，可以跟同桌商量，也可以举手示意寻求老师的帮助。

学生解答。交流汇报。

预设：下午 1 时 50 分 =13 时 50 分

13 时 50 分 –1 小时 30 分 –45 分 =11 时 35 分

师：怎么知道解答是否正确呢？谁会检查？

预设：用出发时间加上 45 分，再加 1 小时 30 分，看看是否等于 1 时 50 分。

【设计意图：学生思维和能力的差异是客观存在的。为满足不同学生的发展，在此环节，精心安排"变式题"和"提升题"，即计算跨天经过的时间，以及计算出发时间，帮助学生形成"运用经验—发散思维—内化提升"的再学习过程，促使学生灵活运用所学知识解决问题，让"四能"培养落地生根。】

四、全课总结，课外延伸

师：这节课你有什么收获？

师：想一想，生活中还有哪些地方需要计算经过时间？

预设：看电影、看电视、上课……

师：希望大家能运用学到的知识，发现生活中各种计算时间的数学问题，并且想办法解决。

【设计意图：数学来源于生活，又应用于生活。要想让学生正确掌握并熟练运用课堂上的知识，应该把作业延伸到课外，让学生发现更多的生活中的数学问题，感受数学知识和他们的生活息息相关，激发学生学习数学的兴趣。】

【板书设计】

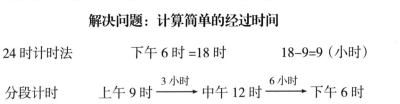

解决问题：计算简单的经过时间

24 时计时法　　　下午 6 时 =18 时　　　18-9=9（小时）

分段计时　　上午 9 时 ——3 小时——→ 中午 12 时 ——6 小时——→ 下午 6 时

3+6=9（小时）

聚焦问题解决，拓展数学思维

——"分段计费解决问题"教学设计

南宁市友谊路小学　赖雪冰

【教学内容】

人教版《数学五年级上册》（2022 年教育部审定）第一单元第 16 页例 9 "分段计费解决问题"。

【设计理念】

重视学生已有的学习和生活经验，让学生从实际生活中发现和提出数学问题，根据分段计费的特点分析和解决问题，体验数学的价值。

【教材分析】

例题：李叔叔乘坐出租车行驶了 6.3 千米，他应付出租车费多少钱？〔计价标准：3 千米及以内 7 元；超过 3 千米的部分，每千米 1.5 元（不足 1 千米，按 1 千米计算）〕

本课是在学习了本单元"小数乘法"的相关内容后进行编排的。结合本单元知识和生活实际，教材编写了现实生活中乘出租车付费的问题，例题通过"阅读与理解""分析与解答""回顾与反思"三个步骤呈现解决问题的过程。在"阅读与理解"环节中，引导学生收集信息，理解题意（重点是理解收费标准），明确要解决的问题。在"分析与解答"环节中，教材呈现了两种不同的思路和方法，一种是按行驶里程分段计算，另一种是先假设再调整进行计算。在"回顾与反思"环节中，引导学生建立解决这类问题的一般方法，并根据得到的结果完成出租车价格表，让学生观察表中的数据，探索其中的规律。

【学情分析】

五年级学生在现实生活中对于乘出租车已有一定的生活经验，但在遇到付费的问题时通常只知道费用总额，却不知道费用的计算标准，缺乏策略性的思考和分析。同时随着社会的发展，学生接触到的公交、地铁、共享车、网约车等交通工具，都蕴含着分段计费的数学知识，但计费的方式各有不同。因此在教学中，解决分段计费问题的关键是理解题意。教学时可以采用摘录条件的方法或是画线段图的方式帮助学生理解，让学生小组讨论，集思广益。在教学中，渗透函数思想，让学生初步体会函数思想。

【教学目标】

1. 经历分段计费问题的解题过程，自主探究分段计费问题的数量关系，能运用分段计算的方法正确解答这类实际问题，进一步提升解决问题的能力。

2. 在解决问题的过程中，学会用摘录的方法收集和整理信息，能从不同的角度分析和解决问题。

3. 通过回顾与反思，积累解决问题的活动经验，体会函数思想。

【教学重点】

运用分段计算的方法正确解答分段计费的实际问题。

【教学难点】

探究分段计费问题的数量关系，积累解决问题的活动经验。

【教学准备】

一体机、课件、学习单。

【教学过程】

一、话题互动，引出课题

（一）创设停车场收费情境，引出话题

1. 出示停车缴费记录：从记录中，你知道了什么？

2. 指明生回答自己的发现：停车 8 小时 4 分钟，收费 45 元。

（二）从收费标准引发思考，揭示课题

1. 出示停车场收费标准（表格式），学生说自己的发现：每小时收费 5

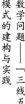

元，不满 1 小时，按 1 小时计算。

2. 理解停车的时间和费用的关系：停车的时间越长，收取的费用越高。

3. 揭示课题，并板书。

板书课题："解决分段计费的实际问题"

【设计意图：创设贴近学生生活实际的情境，激发学生参与学习的积极性，通过列表格观察停车场收费问题，引导学生发现停车时间越长，收取的费用越高，初步渗透函数思想。】

二、探究学习，解决问题

(一)阅读与理解(板书)

1. 出示情境图一：某地出租车计价标准。

2. 全班交流，教师摘录信息(板书)并概括要点。

生 1(预设)：收费标准是分两段计费的，3 千米以内（含 3 千米）是一个收费标准，为一段，收取费用 7 元；超过 3 千米又是一个收费标准，又为一段，每千米 1.5 元。

生 2(预设)：超过 3 千米部分，不足 1 千米要按 1 千米计算，也就是要用"进一法"取整千米数。

3. 出示情境图二：乘坐出租车里程信息及问题。

生（预设）：乘坐出租车行驶了 6.3 千米，要解决的问题是"要付多少钱"。

师：行驶里程是 6.3 千米，根据收费标准，应按多少千米收费？

生（预设）：行驶 6.3 千米，要按 7 千米收费。

【设计意图：设置跟导入呼应的情境，引出例题。在引导学生读取信息的时候，用摘录信息的方法帮助学生理解题意，便于学生理解出租车是如何分段计费的，帮助学生养成有序整理和梳理信息的习惯。】

(二)分析与解答

1. 组织、引导学生讨论、交流不同的解答方法。

师：按 7 千米收费，要付多少钱？你有什么好方法？举手说一说。

生（预设）：用列表法、举例法、画图法理解，再列式计算。

2.学生用自己喜欢的方法尝试在学习单上解答。

师：相信同学们都已经有了想法，请在学习单上尝试解答吧，请看学习要求。

要求：（1）在学习单上完成解答　　（2）时间：4分钟

方法一：

$$7-3=4（千米）$$
$$7+1.5\times4$$
$$=7+6$$
$$=13（元）$$

方法二：

$$1.5\times7=10.5（元）$$
$$7-1.5\times3=2.5（元）$$
$$10.5+2.5=13（元）$$

3.投影学生学习单，生进行汇报，并说自己的想法。

（1）方法一

生：前面3千米应收7元，后面7千米按每千米1.5元计算，用算式7+1.5×4计算出结果需要收取的费用是13元。

（2）方法二

生：可以先把7千米按每千米1.5元计算，再加上前3千米少算的，列算式计算出结果需要收取的费用也是13元。

补充提问并明确：

①如果把前面一段3千米也按每千米1.5元收费，车费是少算了还是多算了？（少算了）

②学生没有用方法二的话，看课本自学后说一说这种方法的解题思路。

【设计意图：充分发挥学生自主探究的能力和合作交流的意识。鼓励学生用多种方法（列表法、举例法、画图法）解决问题，在提升学生解决问题能力完整性的同时，体现数学应用于生活的价值。】

（三）回顾与反思

1.回顾解决问题特点。

师：回顾我们刚解决的问题，它是怎样计费的？

生：分段计费的。

2.列表格验证。

行驶里程／千米	1	2	3	4	5	6	7	8	9	10
出租车费／元										

师：解答正确吗？我们可以用什么方法验证？

生：列表格按每千米数一一对应验证。

3.对比反思发现规律。

师：观察、比较第一、第二种方法的解答过程，你发现了什么规律？

生：……

4.小结解决问题的思路：在解决问题时，我们都应该像这样对解答的过程与方法进行回顾与反思，从中发现所蕴含的规律，找到解决问题的一般方法，提高我们解决问题的能力。

【设计理念：使用列表的方式进行回顾和反思，进一步渗透函数思想，为下一步学习和解决有关的问题打下坚实的基础。】

三、巩固练习，强化新知

（一）出示上网资费收取问题（基础练习）

题目：上网收费标准是：每月交 30 元可以上网 50 小时，超过 50 小时每小时收 1.5 元。小明家这个月上网 70 小时，需要交多少网费？

1.读题，找出信息，明确问题。

2.学生独立在课本上计算，教师巡堂。

3.指明回答，集体订正。

4.小结解决要点：在使用假设法时，第一段的计费比实际收取的费用高，与例题正好相反，因此解题时需灵活使用数学信息。

（二）出示共享电单车分段计费的问题（变式练习）

题目：共享电单车前 15 分钟免费，超出后每 15 分钟收取 2.5 元，骑行 1 小时，需支付多少钱？

1.读题，找出信息，明确问题。

2.学生独立在课本上计算，教师巡堂。

3.指明回答，集体订正。

4.小结解决要点：此类问题是第一段不收费，后面是分段收费，因此解决不同分段计费方式的问题，需要明确收费标准。

【设计意图：根据所学内容，将分段计费的方法应用到其他生活场景，呈现多角度思考问题，培养学生思维的发散性。】

四、回顾反思，本课小结

师：这节课跟我们以前学过的知识，有什么不一样的地方？

【设计意图：将过去谈"收获"的形式变为谈"跟旧知的区别"，让学生变被动为主动的梳理新学知识，串联起知识链条，既回顾旧知，又为下一步学习做准备。】

五、课外拓展

调查生活中分段计费的例子，收集计费标准，整理成一篇数学日记。

【设计意图：感受数学与生活的联系及数学的应用价值，培养学生的探究能力。】

【板书设计】

<table>
<tr><td colspan="3" align="center">解决问题——分段计费</td></tr>
<tr><td>阅读与理解</td><td>3 千米内 7 元
含 3 千米</td><td>超 3 千米，1.5 元 / 千米
不足 1 千米按 1 千米计算</td><td>9.8 千米收费多少元?
7 千米</td></tr>
<tr><td>分析与解答</td><td colspan="2">方法一：7-3=4（千米）
7+1.5×4
=7+6
=13（元）</td><td>方法二：1.5×7=10.5（元）
7-1.5×3=2.5（元）
10.5+2.5=13（元）</td></tr>
<tr><td>回顾与反思</td><td colspan="3">

行驶里程 / 千米	1	2	3	4	5	6	7	8	9	10
出租车费 / 元										

</td></tr>
</table>

运用几何直观，提升解决问题能力

——"用分数加减法解决问题"教学设计

南宁市百花岭路小学　甘金燕

【教学内容】

人教版《数学五年级下册》（2022年教育部审定）第六单元第99页例3"用分数加减法解决问题"。

【设计理念】

借助几何直观，把静态的数学信息鲜活地呈现在学生的面前，助力学生更加形象直观地感知 $\frac{1}{2}$ 的一半是 $\frac{1}{4}$ 这一教学难点，为学生提供方法上的支撑。

【教材分析】

例题：一杯纯果汁，小乐喝了半杯后，觉得有些甜，就兑满了水。他又喝了半杯，就出去玩了。小乐一共喝了多少杯纯果汁？多少杯水？

"用分数加减法解决问题"使用的是喝果汁的问题情境，教材的编排意图是"不仅紧密联系生活实际，更重要的是渗透用几何直观解决问题的策略"。从单元的整体编排来看，本课是"分数的加减法"单元中第三小节"分数加减混合运算"的例3，运用了分数加减的方法来解决问题。然而，这道题要求"一共喝了多少杯纯果汁"，表面看是用分数加减法来解决，但关键的一步"第二次喝了多少杯纯果汁"却需要用到分数的意义，这也是本课的教学难点。

【学情分析】

对于本题所须解决的"$\frac{1}{2}$ 杯的 $\frac{1}{2}$ 是多少",单位"1"已发生转换,学生理解存在困难。由于学生还没学习分数乘法,无法用乘法计算来解决"二分之一杯纯果汁的一半是多少"的问题,只能运用分数的意义推理出结论。对于这一关键问题的理解,少部分学生可以借助清晰的语言描述来分析,而多数学生则需要借助直观图来理解。基于以上思考,本课确定了借助几何直观助力推理生成的教学思路。

【教学目标】

1. 经历问题解决的全过程,探索解决问题的途径、策略和方法。

2. 体会图示在理解问题、分析解决问题中的作用,学习用几何直观分析、解决问题的策略。

3. 感受数学知识与日常生活的联系,养成用简明、灵活的方法解决问题的习惯。

【教学重难点】

重点:用几何直观的策略解决问题。

难点:理解 $\frac{1}{2}$ 杯的一半是 $\frac{1}{4}$ 杯。

【教学具准备】

课件,1 瓶果汁,1 瓶矿泉水,3 个透明杯子。

【教学过程】

一、回顾旧知,揭示课题

师:同学们,上节课我们学习了分数的混合运算,今天我们就运用这些知识来解决一些生活中的实际问题。大家还记得解决问题的三个步骤吗?(课件出示:阅读与理解、分析与解答、回顾与反思)

师:今天这节课我们继续按照这样的步骤来解决一些新的生活问题。(板书课题:喝果汁的数学问题)

【设计意图:新课伊始,引导学生回忆解决问题的一般步骤,激活学生已有的学习经验,为新课的展开提供方法支持,同时,也使学生明确学习任务,增强后续学习的实效性。】

二、巧妙引导，自主探究

（一）阅读摘录，理解题意

师：大家喜欢喝果汁吗？新鲜的果汁含有丰富的维生素，乐乐也很喜欢喝果汁，他在喝果汁时遇到了数学问题。

课件出示题目：一杯纯果汁，小乐喝了半杯后，觉得有些甜，就兑满了水。他又喝了半杯，就出去玩了。小乐一共喝了多少杯纯果汁？多少杯水？

师：通过读题，你知道了什么信息？要我们解决的问题是什么？和同桌说一说。

师：你能把关键信息摘录下来吗？动笔试一试。

预设：喝了 2 次纯果汁。

第一次：一杯纯果汁，喝了____杯。

第二次：兑满水，又喝了____杯。

问题：一共喝了多少杯纯果汁？多少杯水？

师：你们看，通过这样的整理，题目看起来是不是更清楚些了？像这样，将题中的重要性信息摘录下来的方法叫作摘录信息法，它可以帮助我们更好的理解题意。

【设计意图：让学生用自己的语言说题意，通过摘录、呈现相关信息，渗透阅读理解题意的方法。同时借助对已知条件和问题进一步梳理与内化，培养学生整理信息的习惯，并学会在理解的基础上规范表述，将生活中的问题初步抽象成数学问题。】

（二）自主分析，解决问题

1.实物演示。

师：题目究竟是什么意思呢？谁能将题目的意思用老师提供的果汁和水"演一演"。

师摆出：一瓶蓝莓果汁，一瓶矿泉水，3 个透明的空杯子。

师：老师带来了蓝莓汁，我们先倒好一杯果汁。另外老师还准备了 2 个杯子，我们把乐乐第一次喝的倒入 1 号杯中，第二次喝的倒入 2 号杯中。

学生上台演示：

第一步：将杯中的一半纯果汁倒入 1 号杯中。

师：第一次喝了几杯纯果汁？

生（预设）：第一次喝了$\frac{1}{2}$杯纯果汁。

师：准备给杯子倒满水，请问需要倒进几杯水呢？

生（预设）：倒入$\frac{1}{2}$杯水。

师：对的，喝了多少，就要倒进多少。

第二步：往杯中注入水，注满为止。

师：这时的一整杯还是纯果汁吗？

生（预设）：不是，有一半的水和一半的纯果汁。

第三步：又将兑满后的水与果汁混合液的一半倒入2号杯中。

【设计意图：通过教师适时的提问，引发学生的思考。用蓝莓果汁演示，直观地看出两次喝的半杯中纯果汁量的不同，为学生的思考提供一根"拐杖"，感受"一半的一半"。】

2. 对比不同。

教师同时举起1号、2号杯子问：乐乐两次都喝了$\frac{1}{2}$杯，这两个$\frac{1}{2}$杯有什么不同？

师：第二次喝的半杯是纯果汁吗？这半杯里面有多少杯纯果汁？有多少杯水呢？

预设：学生有的认为$\frac{1}{2}$杯，有的认为$\frac{1}{4}$杯。

3. 自主探究。

师：到底喝了多少杯的纯果汁呢？你能用自己的方式把刚才的过程表示出来吗？

出示学习要求：

（1）画一画，用你喜欢的方式表现出来。

（2）算一算，列式计算。

（3）说一说，把你的想法和组内的同学说明白。

4. 集体交流。

师：下面谁能将自己的思考过程向大家来说一下？

预设方法一：画示意图。

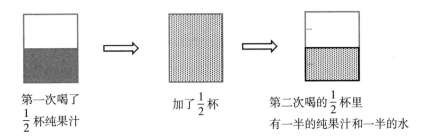

第一次喝了 $\frac{1}{2}$ 杯纯果汁 　　　　加了 $\frac{1}{2}$ 杯 　　　　第二次喝的 $\frac{1}{2}$ 杯里有一半的纯果汁和一半的水

学生上台解释方法，然后问：这是我的方法，大家有什么意见和补充吗?

预设方法二：推理法。

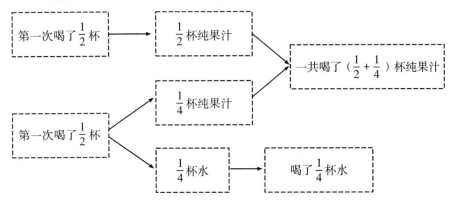

学生上台解释方法，然后问：这是我的方法，大家有什么意见和补充吗?

预设方法三：画线段图。

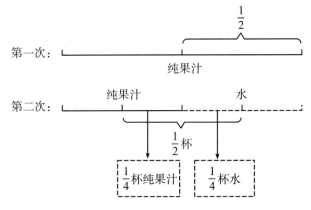

学生上台解释方法，然后问：这是我的方法，大家有什么意见和补充吗?

综上计算：一共喝的纯果汁：$\frac{1}{2}+\frac{1}{4}=\frac{2}{4}+\frac{1}{4}=\frac{3}{4}$（杯），水：$\frac{1}{4}$ 杯。

【设计意图：几何直观是解决问题的重要策略，可以化静态的学科知识为动态，有效地突破学生的固有的思维。放手让学生经历分析问题的过程，学生通过画图、语言表征等方式，明确数量关系。通过"数形结合"凸显问题解决的本质，从而突破教学难点，以形解数，助力解题策略的探索。】

（三）回顾与反思

1. 检验。

师：这个解答结果是不是正确的呢？我们还得对它进行检验。这题可以怎么检验？

引导检验：喝掉的 + 剩下的 = 原来的。

预设学生回答：

果汁：原来有一杯纯果汁，喝掉的纯果汁 $\frac{3}{4}$ 杯，加上剩下 $\frac{1}{4}$ 杯，就是 1 杯。$\frac{3}{4} + \frac{1}{4} = 1$（杯）。

水：喝了 $\frac{1}{4}$ 杯，加上剩 $\frac{1}{4}$ 杯，等于倒入 $\frac{1}{2}$ 杯，$\frac{1}{4} + \frac{1}{4} = \frac{1}{2}$（杯）。

生：这是我的检验方法，大家同意我的观点吗？

2. 反思。

师：解决这道题的关键是什么？（第二次喝掉的纯果汁是多少杯）

师：我们刚才是借助什么方法来解决这道题的？（画图）

师：画图确实是一个好方法，我们的数学学习得经常用到它。

【设计意图：回顾与反思不仅要引导学生学会检验解答结果，还得回顾解决问题的过程、方法是否合理、规范，突出了解题策略的多样化，深化学生对数学的理解，内化并提升学生的数学思维，促进学生对数量关系的理解以及学习方法的领悟。】

三、巩固应用，深化模型

课件出示：一杯纯果汁，丽丽喝了 $\frac{1}{3}$ 杯后，觉得太甜，兑满水喝了半杯后，还是觉得有些甜，又兑满水喝完了。丽丽一共喝了多少杯果汁？多少杯水？

师：这道题又该如何解答呢？关键之处又在哪里呢？请大家先画一画图，再计算。

【设计意图：解题能力的形成需要经历一个从理解到应用的过程。因此，在学习新知识之后，设置类似的练习题强化学生解决问题的思路和方法。此外，将题目进行了适当拓展，不仅激发了学生的学习兴趣，同时也促使学生去探究此类问题的规律。】

四、全课总结，拓展延伸

1. 总结。

师：这节课我们学习了什么知识？在解决问题时是按照怎么样的步骤进行的？要注意什么？

教师根据学生的回答，总结解决问题的步骤、策略及检验的方法。

2. 延伸。

师：喝果汁问题是一个很有意思的数学问题。我们的古人早就研究过这类问题。我国古代学者庄子在《庄子·天下篇》中有一句话："一尺之棰，日取其半，万世不竭。"也就是长为一尺的东西，今天取走它的一半，明天在剩余的一半中再取走一半，以后每天都在剩下的一半中取一半出来，这样永远都不会取完。

【设计意图：课尾，教师不仅要关注数学知识和方法的回顾与总结，更要借助一道数学古题将学生的学习兴趣拓展到课外。】

【板书设计】

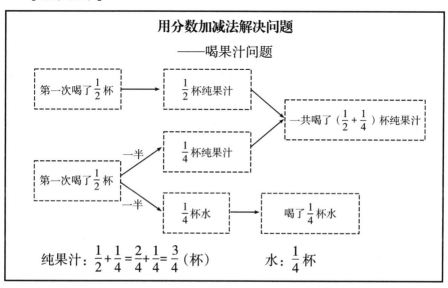

用分数加减法解决问题
——喝果汁问题

第一次喝了 $\frac{1}{2}$ 杯 → $\frac{1}{2}$ 杯纯果汁 → 一共喝了（ $\frac{1}{2} + \frac{1}{4}$ ）杯纯果汁

第一次喝了 $\frac{1}{2}$ 杯 → 一半 → $\frac{1}{4}$ 杯纯果汁

一半 → $\frac{1}{4}$ 杯水 → 喝了 $\frac{1}{4}$ 杯水

纯果汁：$\frac{1}{2} + \frac{1}{4} = \frac{2}{4} + \frac{1}{4} = \frac{3}{4}$（杯）　　水：$\frac{1}{4}$ 杯

数形结合，有效发展学生"四能"

——"求比一个数多（或少）几分之几的数是多少"教学设计

南宁市二塘小学　陀　华

【教学内容】

人教版《数学六年级上册》（2022 年教育部审定）第一单元第 13、14 页例 9"求比一个数多（少）几分之几的数是多少"。

【设计理念】

"数形结合"是重要的数学思想，在解决问题过程中发挥着重要的作用。本节课充分利用"数形结合"发展学生解决问题的能力。

【教材分析】

例题：人心脏每分钟跳动的次数因年龄而不同。青少年每分钟心跳约 75 次，婴儿每分钟心跳的次数比青少年多 $\frac{4}{5}$。婴儿每分钟心跳约多少次？

"求比一个数多（或少）几分之几的数是多少"的问题较为复杂，是在"求一个数的几分之几是多少"的基础上进行的学习，研究的是两个量间的关系，但没有直接给出"一个量是另一个量的几分之几"，而是需要先求出一个量比另一个量多（或少）的具体数量，或者先求出一个量是另一个量的几分之几。教材体现了多样化的解题策略。方法一：先算婴儿每分钟心跳比青少年多多少次，再算婴儿每分钟的心跳数。方法二：先算婴儿每分钟心跳次数是青少年的几分之几，再算婴儿每分钟的心跳数。不同的解题方法，展现了不同的解题思路。"回顾与反思"部分，认识到画线段

图的解题策略对于解决问题的价值。同时，引导学生用不同的方法加以检验，丰富学生检查、检验的方法。

【学情分析】

学生已经学习了"求比一个数多（或少）几的数是多少"以及"求一个数的几分之几是多少"两种题型，有过使用线段图表示数量关系的经验，为本节课的学习奠定了良好的基础。

【教学目标】

1.知道"求比一个数多（或少）几分之几的数是多少"的问题模型，进一步学会用线段图分析数量关系，能正确列式解答。

2.经历解决问题过程，掌握多样化解题的策略，能借助数形结合思想帮助理解、分析数量关系。

3.感受分数在日常生活中的应用，增强合作交流的意识，提高学习数学的自信心，体会成功的愉悦。

【教学重点】

学会解决"求比一个数多（或少）几分之几的数是多少"的问题。

【教学难点】

能根据多几分之几或少几分之几找出两个量之间的"分率"关系。

【教学具准备】

课件、任务单。

【教学过程】

一、创设情境 激趣导入

同学们，你们下过象棋吗？小东、小张、小红、小华和小杰5人进行下棋比赛，每2人之间都要下一盘。目前已经知道小东下了4盘，小张下了3盘，小红下了2盘，小华下了1盘。请问：小杰一共下了几盘？分别是和谁下的呢？要解决这个问题有没有比较快的方法？

预设：可以通过连线画图来判断。

同学们，这种方法可以吗？那接下来我们一起用这种方法尝试一下。

画图连线发现，小杰一共下了2盘，分别和小东和小张下的。

小结：同学们，刚才我们通过连线画图，很快解决了这个问题。其实这是一种数形结合的方法，在我们解决问题时，发挥着非常大的作用。这节课我们继续通过数形结合的方法解决问题。（板书：解决问题）

【设计意图："好的开头是成功的一半。"巧妙的课堂导入能激发学生的学习兴趣，能有效地引起学生的注意力，能唤醒学生的求知欲，能促进学生科学思维的养成，能提升课堂的教学成效。开课采用下象棋的情境，激发学生的学习兴趣，同时突出画图解决问题的策略，让学生感受数形结合的重要性，为新课做了重要的铺垫。】

二、合作交流，探究新知

（一）呈现信息，提出问题

同学们，心脏被喻为人体的发动机。心脏对于我们的身体健康起着非常关键的作用，而心脏的跳动次数是非常值得我们去关注的问题。我们一起了解一下。

观看视频报道：人心脏跳动的次数随年龄而变化。青少年心跳每分钟约 75 次，婴儿每分钟心跳的次数比青少年多 $\frac{4}{5}$。

你能根据上面的报道，提出一个数学问题吗？

预设：婴儿每分钟心跳比青少年多多少次？婴儿每分钟心跳多少次？

小结：同学们提出的问题都非常值得去研究，会提出问题也是一种学习能力，老师觉得"婴儿每分钟心跳多少次？"这个问题很有意思，那接下来我们一起去解决这个问题吧。

【设计意图：通过让学生观看视频，了解例题信息，并让学生通过信息提出问题。这样的设计，可以让学生自然进入到新课学习，提高学生的学习欲望，培养学生提出问题的意识。】

（二）合作探究，解决问题

1. 阅读与理解。

出示例题 9：人心脏跳动的次数随年龄而变化。青少年心跳每分钟约 75 次，婴儿每分钟心跳的次数比青少年多 $\frac{4}{5}$。婴儿每分钟心跳多少次？

（1）全班阅读题目，交流从题目中获得的信息。完成教材例题 9 中"阅读与理解"的填空。

青少年每分钟心跳约_____次。

婴儿每分钟心跳的次数比青少年多$\frac{4}{5}$，多的部分是_____的$\frac{4}{5}$。

要求的是_____每分钟心跳的次数。

（2）学生汇报。

同学们都完整地把有效信息找出来了，并明确了问题，你觉得哪个信息非常关键？

预设：婴儿每分钟心跳的次数比青少年多$\frac{4}{5}$，多的部分是_____的$\frac{4}{5}$。

老师也觉得这个信息非常关键，那接下来我们好好分析一下。

2.分析与解答。

（1）找单位"1"。提问：题目中的$\frac{4}{5}$是把谁看作单位"1"？（青少年每分钟心跳的次数）

（2）借助线段图，分析数量关系。

婴儿每分钟心跳的次数比青少年多$\frac{4}{5}$，怎么理解这个信息，你能想到简便的方法帮助我们理解这个信息吗？同桌交流。

汇报：可以借助线段图。

小组合作，完成线段图。

教师巡堂指导。

小组汇报展示。

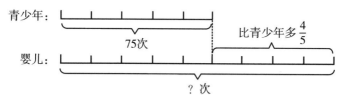

因为要把青少年每分钟心跳的次数看作单位"1"，所以要先画一条线段表示青少年每分钟心跳的次数，并把它分5份，再画一条线段表示婴儿每分钟心跳的次数，比上面的线段长的一段（即比青少年多跳的）等于青少年每分钟心跳次数的$\frac{4}{5}$，是4份的长度。

教师总结：这一组的同学分析非常到位，给我们解释了线段图的意思，帮助我们理解了数量关系。大家觉得画线段图分析数量关系好不好？好在哪里？

预设：我觉得画线段图非常直观，能清楚地看出数量关系。

追问：那你觉得画线段图有哪些地方要注意的？

预设：如果涉及两个量的，要画两条，要找准单位"1"，要明确把单位"1"平均分成几份，每份长短要一样，要用尺子铅笔画，还有要注意对齐和标出关键文字和数据。

教师总结：这个同学肯定是作图高手，把我们画线段图的方法做了全面的概括，掌声送给他。

（3）多角度理解数量关系，尝试多样化解题策略。

请同学们根据线段图，在组内说一说数量关系和解题思路。

汇报：

预设1：数量关系：婴儿每分钟心跳次数=青少年每分钟心跳次数+婴儿每分钟心跳次数比青少年多的部分。解题思路：先求出婴儿每分钟心跳次数比青少年多跳的次数，再加上青少年每分钟心跳次数。

预设2：数量关系：婴儿每分钟心跳次数=青少年每分钟心跳次数×婴儿每分钟心跳的次数是青少年的几分之几。解题思路：先求出婴儿每分钟心跳的次数是青少年的几分之几再乘青少年每分钟心跳次数。

（4）根据数量关系，列式计算。

请同学们根据刚才我们分析的数量关系和解题步骤，独立在练习本上列出算式并计算。

学生汇报：

板书：

$$75+75\times\frac{4}{5} \qquad\qquad 75\times(1+\frac{4}{5})$$

$$=75+60 \qquad\qquad\qquad =75\times\frac{9}{5}$$

$$=135（次） \qquad\qquad\quad =135（次）$$

3. 回顾与反思。

这道题计算是否正确？我们该怎样去验证呢？

预设：计算 135 次比 75 次多几分之几？

巧解数学问题——「三线五环」小学数学教学模式的建构与实践

$$（135-75）\div 75$$

$$=60\div 75$$

$$=\frac{4}{5}$$

说明婴儿每分钟心跳的次数比青少年多 $\frac{4}{5}$，符合题意，解答结果正确。

我们回顾一下，刚才我们解决这个问题用了一个很好的方法帮助我们分析数量关系，那就是画线段图。借助线段图，能清楚地表示数量关系。那接下来，让我们利用今天学到的知识挑战一些练习吧。

【设计意图：在解决问题过程中，充分以学生为主体。让学生通过小组合作，利用数形结合的方法分析数量关系，探究出解决问题的策略。学生经历了解决问题的全过程，建构了"求比一个数多（或少）几分之几的数是多少"的解决问题模型。】

三、巩固练习，提高能力

（一）基础练习：根据线段图写出数量关系

图1.

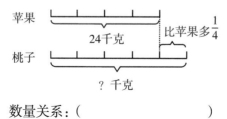

数量关系：（   ）

图2.

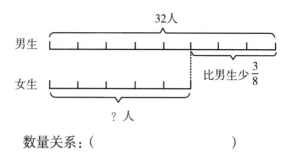

数量关系：（   ）

（二）提升练习

李叔叔的餐馆过去每天的厨余垃圾大约是100千克，实行"光盘行动"后，厨余垃圾大约减少了 $\frac{1}{4}$。根据以上信息，你能提出一个问题吗？

预设：现在这家餐馆每天的厨余垃圾大约是多少千克？

学生画线段图，分析数量关系，列式计算。

$$100-100 \times \frac{1}{4} \qquad\qquad 100 \times \left(1-\frac{1}{4}\right)$$

$$=100-25 \qquad\qquad\qquad =100 \times \frac{3}{4}$$

$$=75（千克） \qquad\qquad\quad =75（千克）$$

追问：这道题和刚才的例题有什么不一样？

预设：这道题是"少几分之几"，刚才是"多几分之几"。

总结：这两道题都用了画线段图分析数量关系，解题思路也类似，区别是"少几分之几"和"多几分之几"，其实这两道题我们可以归纳为"求比一个数多（或少）几分之几的数"的解决问题。（板书）

（三）拓展练习

创设一个情境，编一道"求比一个数多（或少）几分之几的数"的解决问题题目，并解答。

预设：一家服装店 4 月份卖出衣服 55 件，5 月份卖出的件数比 4 月份多 $\frac{1}{5}$，5 月份一共卖出多少件衣服？

【设计意图：通过设计不同层次的练习，让不同的学生在数学中得到不同的发展，在练习中巩固解决问题的策略，提高解决问题能力。】

四、课堂总结、情知共融

（一）这节课你有什么收获？你是怎样学习的？

（二）观看微视频《你知道吗？》

《庄子》中有一句话："一尺之棰，日取其半，万世不竭。"意思就是：一根一尺长的木棒（尺，中国古代长度单位），今天取它的一半，明天取它一半的一半，后天再取它一半的一半的……这样取下去，永远也取不完。

视频动态演示一条线段每次减去一半的过程，形象直观感受"一尺之棰，日取其半，万世不竭"的意思。

总结：借助数形结合，让我们清楚理解数学背后的奥秘，在以后的数学学习中，我们要充分利用这种思想方法帮助我们解决更多的数学问题。

【设计意图：通过让学生谈感受，培养了学生的总结能力。下课前再次观看视频，让学生充分体会数形结合的重要性，为以后的学习提供了重要的借鉴。】

【板书设计】

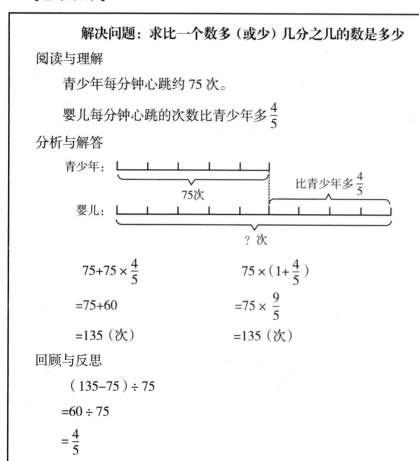

解决问题：求比一个数多（或少）几分之几的数是多少

阅读与理解

　　青少年每分钟心跳约 75 次。

　　婴儿每分钟心跳的次数比青少年多 $\dfrac{4}{5}$

分析与解答

青少年：

婴儿：

75次

比青少年多 $\dfrac{4}{5}$

？次

$75+75\times\dfrac{4}{5}$　　　　　　$75\times(1+\dfrac{4}{5})$

$=75+60$　　　　　　$=75\times\dfrac{9}{5}$

$=135$（次）　　　　　$=135$（次）

回顾与反思

　　$(135-75)\div75$

$=60\div75$

$=\dfrac{4}{5}$

数形结合：清楚地表示数量关系

培养推理意识，发展核心素养

——"求正方形与圆之间面积的问题"教学设计

南宁市东葛路小学　黎　莹

【教学内容】

人教版《数学六年级上册》（2022 年教育部审定）第五单元第 67 页例 3 "求正方形与圆之间面积的问题"。

【设计理念】

推理是数学的基本思维方式，也是人们学习和生活中常用的思维方式。本节教学中，注重培养学生推理意识，发展学生核心素养。

【教材分析】

例题：中国建筑中经常能见到"外方内圆"和"外圆内方"的设计。后图中的两个圆半径都是 1 米，你能求出正方形和圆之间部分的面积吗？

例题以中国古建筑中"外方内圆"和"外圆内方"两种经典设计为情境，提出需要解决的数学问题：圆的内接正方形、外切正方形和圆之间的部分的面积。让学生理解问题现实情境，转化成要解决的数学问题，培养学生学会用数学的眼光观察现实世界；解决问题过程中，根据图示寻找正方形和圆之间的关系，重点引导学生用转化的方法计算"外圆内方"图形中圆和正方形之间部分的面积，培养学生学会用数学思维思考现实世界；在反思环节，以一个具体问题的结果，合情推理，得到一般化的结论，培养学生学会用数学语言表达现实世界。

【学情分析】

学生学习本节教学内容，难点主要有以下三点。其一，在"外圆内方"图形中，计算圆和正方形之间的部分的面积，寻找圆和正方形间的联系是难点。其二，六年级的学生已具备初步抽象思维能力，但对问题的思考从"特殊"提升为"一般"，将解决问题结论一般化，对六年级的学生来说仍是很大的抽象思维挑战。其三，在"回顾与反思"的环节中，$(2r)^2-3.14 \times r^2 = 0.86r^2$，$3.14 \times r^2-(1/2 \times 2r \times r) \times 2 = 1.14r^2$，涉及整式的运算。学生虽然有"乘法分配率"的学习基础，但是将这一定律灵活运用到这里的运算，对学生来说难度较大。

【教学目标】

1. 能解决与圆的面积计算有关的实际问题，在解决问题的过程中体会和掌握转化的数学思想。

2. 通过解决具体问题，初步体验分析问题的策略——分析法，培养学生推理意识。

3. 结合例题渗透传统文化的教育，使学生将数学和实际生活联系起来，感受数学的价值，提升学习的兴趣。

【教学重难点】

教学重点：学生经历解决问题的全过程，在解决问题的过程中积累一般性的问题解决经验。

教学难点：解决问题一般性能力的培养。

【教学具准备】

课件。

【教学过程】

一、情景导入

师：（播放课件）在远古，人们认为天是圆的，像一把张开的大伞罩在地上，庇护着土地上的生灵；地则是方的，像一个棋盘，承载着世间万物。这就是古代的"天圆地方"说。

虽然这种说法不科学，但是对后世人们的生产、生活产生了深远的影响，在中国建筑和器物中经常见到"外方内圆"和"外圆内方"的设计，这种设计就是吸取了传统文化中天圆地方的说法。"外方内圆"和"外圆内方"对称的结构给了我们一种和谐、庄重、大气的美感。

二、新课讲授

这两幅图就是采用了中国建筑中常见的"外方内圆"和"外圆内方"的设计，在生活中都能经常见到。这一节课，我们用数学的眼光来研究"外方内圆""外圆内方"中隐藏的数学问题。

（板书课题：解决问题）

【设计意图：将传统文化对建筑设计产生的影响导入课堂，自然地引入例题的教学，激发学生学习的兴趣和探索的热情。】

师：我们在解决问题时，一般有哪几个步骤？

预设：阅读与理解、分析与解答、回顾与反思。

师：我们继续按照这几个步骤来解决问题。

（课件：图和题）

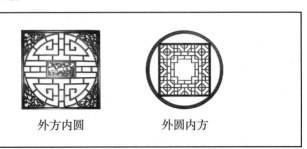

外方内圆　　　　　外圆内方

中国建筑中经常能见到"外方内圆"和"外圆内方"的设计，如上图。

上图中的两个圆半径都是1米，你能求出正方形和圆之间部分的面积吗？

（一）阅读与理解

师：（出示信息和问题）读一读题目，知道了什么？要求什么？

预设：知道了两个圆的半径都是1米，要求正方形和圆之间部分的面积。

师：是的！我们把这两幅图简化一下。（从实物中抽象出图形）两个圆（课件出示两个圆）的半径（先出示左边圆的半径，再出示右边圆的半径）→都是 1 米（出示 1 米）。

求正方形和圆之间部分的面积。指的是哪一部分呢？谁能上来指一指？

【设计意图：通过课件演示，将实物雕窗抽象成几何图形，将现实生活数学化，引导学生学会用数学的眼光观察现实世界，促进学生数学核心素养的发展。】

（二）分析与解答

师：怎样求正方形和圆之间部分的面积呢？谁来说说自己的想法？

预设：分别先算出正方形和圆形的面积，正方形的面积减去圆形的面积，剩下的就是"外方内圆"中正方形和圆形之间部分的面积；圆形的面积减去正方形的面积，剩下的就是"外圆内方"中圆形和正方形之间部分的面积。

环节一：探索"外方内圆"的奥秘。

师：分析得很有道理。下面我们一起来理一理解决问题的思路。先看"外方内圆"。

预设：我解决这个问题的思路是先分别算出正方形和圆形的面积，再用正方形的面积减去圆的面积，剩下的就是"外方内圆"中正方形和圆之间部分的面积。

师：我们把刚才的思路理一理。要知道正方形和圆之间的面积（板书：S），我们需要什么条件？

预设：正方形和圆形的面积。（板书：$S=S_正-S_圆$）

师：怎么求正方形和圆的面积？

预设：正方形的边长 a 就是圆的直径 $2r$。所以正方形的面积有：$S_正=a^2=(2r)^2=4r^2$，圆的面积是：$S_圆=\pi r^2$。

（板书思维导图）

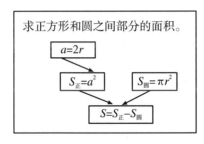

师：你能计算"外方内圆"中，正方形和圆之间部分的面积了吗？请你算一算。

预设：2×2=4（平方米），3.14×1²=3.14（平方米），4–3.14=0.86（平方米）。

【设计意图：让学生在解决"外方内圆"图形中，正方形和圆之间部分的面积，掌握分析问题的方法，提高学生分析问题、解决问题的能力，发展学生推理意识。】

环节二：探索"外圆内方"的奥秘。

师：我们刚才从问题出发，找到了解决问题的条件，有条理地分析数量关系，从而解决了问题。你是否也能有条理表达出求出"外圆内方"图形的思路并求出圆和正方形之间部分的面积？请你试一试。

师：请每个同学先独立思考，在学习单上写一写你的解题思路和计算过程。再四人小组交流讨论，最后展示汇报。

学生思考、交流。

师：我相信，通过讨论之后，你们解决问题的思路更加清晰了，谁来说说自己的解题思路？

生（预设）："外圆内方"图形中，要求正方形和圆之间部分的面积。要先求出圆的面积和正方形的面积，由 $S_圆 = \pi r^2$，计算公式，圆的半径为 1 m，圆的面积可以直接求出。$S_正 = a^2$，可是没有给出正方形的边长的具体值。（根据学生回答板书：正方形和圆之间部分的面积）

师：正方形的面积 = 边长 × 边长，可是题目中并没有提供正方形边长的信息，怎么办？

生（预设）：可以把正方形分成两个三角形。

师：不能直接计算正方形的面积时，我们可以把它转化成其他图形来试一试。把正方形分成两个三角形后，怎么计算面积呢？

生（预设）：三角形的面积 = 底 × 高 ÷ 2，而三角形的底和圆的直径相等，高和圆的半径相等，所以三角形的面积 = (2r) × r ÷ 2（师根据学生的回答，板书思维导图）。

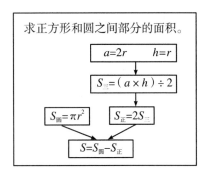

求正方形和圆之间部分的面积。

$a=2r \qquad h=r$

$S_三=(a \times h) \div 2$

$S_圆=\pi r^2 \qquad S_正=2S_三$

$S=S_圆-S_正$

师：你学会了有条理地思考、分析问题，真棒！我们一起来看看这几个同学的解答过程［投影学生作品：$(\frac{1}{2} \times 2 \times 1) \times 2=2$（平方米），3.14-2=1.14（平方米）］，你同意吗？

【设计意图：让学生经历观察思考、分析推理等学习活动，得出公共边以及图形各要素之间的关系。充分利用学生已有的知识，放手让学生大胆尝试，让学生在欣赏中感知，在感知中尝试，自主地运用已有的知识解决问题，激发学生的兴趣，培养学生的探索精神与合作意识。】

环节三：总结归纳解题方法（课件出示解题思路）

师：现在，我们把解决问题思路都放到大屏幕上，你能发现他们有什么相同的地方吗？

生（预设）：相同点是我们分析的时候，都是从问题出发，寻找解决问题的条件。不同点是计算"外方内圆"图形中正方形和圆之间部分的面积时不需转化，计算"外圆内方"图形中圆和正方形之间部分的面积时需要转化。

师：我们分析与解决问题的时候，也可以从问题想起，看看问题，想想需要什么样的条件。要知道这样的条件，又需要什么样的信息，像这样"执果索因"的方法，可以使我们形成讲道理、有条理的思维能力，帮助我们更好地解决问题。

【设计意图：在对比中总结归纳解题方法，让学生学会分析问题、解决问题的方法。】

（三）回顾与反思

师：我们分析与解答之后，还需要做什么呢？

生（预设）：回顾与反思。

师：对！回顾与反思是检查我们解决问题是否正确的一个很重要的环节，我们要养成回顾与反思的好习惯。谁来说一说你是怎样回顾与反思的呢？

生（预设）：检查数字写对没有。

师：好！我们来看一看（指信息），数字写对没有？

生（预设）：对了！

师：还要检查什么？

生（预设）：得数有没有算对。

师：那我们一起来算一遍（计算一遍），算对了吗？

千万别小看检查，检查的作用可大了！能够帮助我们发现错误、改正错误，希望大家都养成认真检查的好习惯！

师：我们计算了"外方内圆""外圆内方"图形中，当圆的半径是 1 米时，圆和正方形之间部分的面积，如果两个圆的半径都是 r，结果又是怎样的？我们一起来算一算吧。

"外方内圆"圆和正方形之间部分的面积：

$$
\begin{aligned}
S &= S_{正} - S_{圆} \\
&= a^2 - \pi r^2 \\
&= (2r)^2 - \pi r^2 \\
&= 4r^2 - \pi r^2 \\
&= (4 - 3.14) r^2 \\
&= 0.86r^2
\end{aligned}
$$

"外圆内方"圆和正方形之间部分的面积：

$$
\begin{aligned}
S &= S_{圆} - S_{正} \\
&= S_{圆} - 2S_{三} \\
&= \pi r^2 - 2 \times (a \times h) \div 2 \\
&= \pi r^2 - ah \\
&= \pi r^2 - 2r \times r \\
&= \pi r^2 - 2r^2 \\
&= (3.14 - 2) r^2 \\
&= 1.14r^2
\end{aligned}
$$

师：从结果来看，你有什么发现？

生（预设）："外方内圆"和"外圆内方"图形中，正方形和圆之间部分的面积，只和圆的半径有关。

师：有什么样的关系？

生（预设）："外方内圆"图形中，正方形的面积比圆的面积多 $0.86r^2$；外圆内方"图形中，圆的面积比正方形多 $1.14r^2$。

师：是的，无论半径如何变化，在"外方内圆"和"外圆内方"图形中，圆和正方面积之差永远存在这样神奇的关系。

我们一起来验证：当 $r=1$ m

"外方内圆"：$0.86r^2 = 0.86 \times 1^2 = 0.86$ m²

"外圆内方"：$1.14r^2 = 1.14 \times 1^2 = 1.14$ m²

瞧，是不是和我们的计算结果一样？

师：我们得到这个结论，就可以利用这个结论来解决像这种类型的问题，从而提高我们解决问题的效率！

【设计意图：回顾与反思中，让学生养成检查的良好习惯。用公式进行推导，提升学生逻辑抽象能力，帮助学生将解决具体问题的结论提升到一般问题的规律。在层层深入、推理的过程中，让学生感受数学知识的逻辑美，吸引学生主动投入数学的研究中。】

三、巩固练习

师：我们解决了中国建筑中，"外方内圆""外圆内方"设计中隐藏的数学问题，现在，让我们走进中国刺绣中的数学问题。请看星级挑战，有信心接受挑战吗？请你选择自己喜欢的一道进行计算。（课件出示）

【设计意图：通过练习，巩固学生对本节知识的掌握和灵活运用。】

四、课堂小结

师：同学们，通过这一节课的学习，你有什么收获?

师：通过这一节课的研究，我们知道了在"外方内圆"和"外圆内方"图形中，圆和正方面积之差的奥秘，你能不能在课外，用同样的方法，研究一下圆和正方形面积之比的奥秘呢? 期待你的发现!

【板书设计】

解决实际问题

阅读与理解：两个圆的半径都是 1 米，求正
方形和圆之间部分的面积。

分析与解答：(两个思维导图)

课堂练习

回顾与反思：

外方内圆：$a^2 - \pi r^2 = 0.86r^2$

外圆内方：$\pi r^2 - 2 \times (2r \times r \div 2) = \pi r^2 - 2r^2 = 1.14r^2$

【教学反思】

"圆与正方形"等平面图形组合的面积求法，是在学生学会计算圆的面积和其他平面图形面积的基础上进行教学的。本课时的教学设计，我特别注意遵循学生的认知规律，重视学生获取知识的思维过程，创设教学情境，重视让学生从生活经验和已有知识出发学习数学、理解数学。通过观察、比较、分析，引导学生找出正方形和圆、圆和正方形之间部分的面积关系，让学生找出解题思路。

通过自主探讨、合作交流的方式，学生发现了第二个图形必须要将正方形分割成两个三角形时，思路豁然开朗。当教师告诉学生这就是学习几何知识不可缺少的添加辅助线时，学生才恍然大悟。这样由扶到放、由现象到本质的引导，使学生始终参与到如何计算两个图形之间部分的面积活动中，从而感受数学的魅力。

解决问题，关键在于分析数量关系。弄清楚了数量关系，解决问题就容易了。掌握了分析数量关系的方法是关键。因此，在教学中，不仅教知识，更重要的是教方法。

分析数量关系的方法主要有分析法、综合法。结合本节教学内容，要知道圆和正方形之间部分的面积，首先要知道圆和正方形的面积，要知道圆和正方形的面积，又需要知道什么信息呢？像这样从问题想起→条件→信息，一步一步逆推到已知信息的解决问题的过程。分析法比较合适。

将思考过程用思维导图的形式清晰、有条理地记录下来，帮助学生将思考过程可视化。

品关键信息，促关系理解

——"购物中的优惠问题"教学设计

南宁市国凯路小学　李安旺

【教学内容】

人教版《数学六年级下册》（2022 年教育部审定）第二单元第 12 页例 5 "购物中的优惠问题"。

【设计理念】

本次解决问题中，重点关注到信息中关键字的区别，通过品读的方式，能够理解信息中的区别，从而更好地解决问题。

【教材分析】

例题：某品牌的裙子搞促销活动，在 A 商场打五五折销售，在 B 商场按"每满 100 元减 50 元"销售。妈妈要买一条该品牌标价 230 元的裙子。（1）在 A、B 两个商场买，各应付多少钱？（2）选择哪个商场更省钱？

本单元的教学内容出于"百分数（二）"，百分数在日常生活中有着广泛的应用，人们常用百分数对事物进行描述、分析、统计、比较。虽然学生在日常生活中已经大量接触了百分数，但是对百分数的意义以及其应用价值的认识还处于模糊阶段。在六年级上册教材中，学生主要学习了百分数的意义和读写法，百分数和分数、小数的互化，以及用百分数解决问题。现结合前面学到的除法、分数等的关系，重点解决求一个数的百分之几是多少，求一个数比另一个数多（少）百分之几和求比一个数多（少）百分之几的数是多少的问题。本册中，主要涉及折扣、成数、税率、利率等百分数的特殊应用。通过这些与生活实际密切相关的知识的学习，使学生进一步了解百分数在生活中的具体应用，提高灵活应用数学知识的能力。

【学情分析】

知识储备：学生已经在本单元中，学过用百分数解决折扣、成数、税率和利率的问题，能熟练地运用百分数解决生活实际问题。

能力储备：六年级的学生有一定的发现问题、分析问题、解决问题的能力，为本课的学习提供坚实的能力保障。

困惑分析：本节课中学生对于"满100元减50元"和"每满100元减50元"不能很好地区分。

【教学目标】

1. 通过购物中的折扣问题，使学生进一步巩固折扣的计算方法，能理解并正确计算不同优惠形式的折扣。

2. 通过两种不同优惠方式的对比，使学生经历综合运用所学知识解决稍复杂的折扣问题的过程，培养学生分析能力、解决问题的能力。

3. 学生感受数学与生活的联系，感受百分数在生活中的应用，体会数学学习的价值，激发数学学习的兴趣。

【教学重难点】

教学重点：理解购物中的多种优惠形式，能正确计算出优惠后的金额。

教学难点：理解"满100元减50元"与"五折"的区别。

【教学过程】

一、情境导入，引入新课

师：同学们在生活购物中遇到过什么购物优惠方式呢？

生回答。

师：购物中优惠的方式有很多种，商家需要通过这些优惠的方式增加销售量，而作为小买家，我们需要选择的是物美价廉的商品，今天我们就一起研究一下购物中的优惠问题。

【设计意图：通过谈话的情境引入，让学生回忆生活中的购物经验，引起学生的研究兴趣，调动学生参与学习的积极性，为后续的思考提供良好的环境。】

二、引导探究，解决问题

（一）呈现信息，提出问题

出示：某品牌的裙子搞促销活动，在 A 商场打五五折销售，在 B 商场按"每满 100 元减 50 元"销售。妈妈要买一条该品牌标价 230 元的裙子，在哪个商场比较优惠？

师：读完这道题目，你知道了哪些数学信息呢？

生（预设）：五五折。

生（预设）：每满 100 元减 50 元。

师：怎么理解这些信息呢？能提出什么数学问题吗？

（二）独立思考，尝试解决

师：请同学们独立思考，解决这两个问题。

（三）集体交流，汇报方法

师：谁来说一说自己的解决方法呢？

学生展示自己的算式，并解释。

总结方法。

（四）启发思考，辨析原因

师：每满 100 元减 50 元，少了 50 元，是打五折啊！怎么比打五五折还要贵呢？

学生四人小组讨论。

学生交流想法。

师总结：原来减 50 元的优惠只针对整百的部分，而 30 元是没有优惠的，所以每满 100 元减 50 元不是打五折。通过刚才的计算我们知道 A 商场要 126.5 元，B 商场要 130 元。A 商场比较优惠。

【设计意图：本次设计根据解决问题的三个步骤，从读题中让学生理解"每满 100 元减 50 元"的意思是什么。接着尝试让学生自己思考解题的过程，掌握计算的方法；最后深入思考，为什么每满 100 元减 50 元不是打五折，通过一步步的引导让学生掌握方法，学会解决优惠的问题。】

巧解数学问题——
教学模式的建构与实践
「三线五环」小学数学

三、练习巩固，提高能力

（一）教材 P12 页做一做

某品牌的运动鞋搞促销活动，在 A 商场按"每满 100 元减 40 元"销售，在 B 商场打六折销售。妈妈准备给小丽买一双该品牌标价 120 元的运动鞋，在 A、B 两个商场买，相差多少钱？

师：先估一估，哪个更便宜呢？再动手验证一下。

（二）教材第 14 页第 8 题

百货大楼搞促销活动，甲品牌鞋每满 200 元减 100 元；乙品牌鞋"折上折"，就是先打六折，在此基础上再打九五折。如果 两个品牌都有一双标价 260 元的鞋，哪个品牌的更便宜？

师：谁来说一说折上折是什么意思呢？

（三）出示题目

一种饮料，大瓶装每瓶 1200 毫升，10 元一瓶；罐装每罐 200 毫升，2 元一罐。现有三家商店出售这种饮料，并推出不同的促销方式。

A 商店：买一大瓶，送一罐；

B 商店：一律九折；

C 商店：满 30 即享受八折。

问：这个学期我们要参加研学活动，每位同学配备 200 毫升饮料，我们班共需要多少毫升饮料？你怎么设计我们班的购买方案？

师：四人小组一起讨论一下，选择什么方案呢？

学生汇报交流。

师：每个人考虑问题的方式不一样，所以提出的方案有不同，只要能满足我们的目的，我们的方案都是可行的，希望课后我们大家能继续完善自己的方案。

【设计意图：通过有层次的练习设计，帮助学生进一步巩固所学知识，并能够根据实际情况，灵活地去选用更优的方案。】

四、总结全课

师：今天你有什么收获呢？

【设计意图：通过回顾和交流，实现学生对学习知识过程的再认识，把解决问题的方案纳入到自己的思维结构中，便于以后解决问题。】

【板书设计】

购物中的优惠问题

阅读与理解：五五折　　　　　每满 100 元减 50 元
　　　　　　55%　　　　　　一个 100 元减 50 元
分析与解答：A：230×55%=126.5（元）
　　　　　　B：230−50×2=130（元）
　　　　　　　　126.5 ＜ 130
回顾与反思：答：在 A 商场应付 126.5 元，在 B 商场应付 130 元；
　　　　　　选择 A 商场更省钱

【教学反思】

本节课是人教版六年级下册第二单元《百分数（二）》的例 5，本节课是在学生学习完成折扣、成数、税率和利率等问题后，运用所学知识解决生活中的优惠问题，在对比不同优惠策略后选择最优的方案，同时还能把实际生活中的相关问题结合起来，让学生充分感受数学与生活的密切联系，从而真正学到有意义的数学。

在课堂中，我始终围绕着优惠的条件，让学生进行深入思考。从"每满 100 元减 50 元"表示什么意思入手，让学生在反复品读中清楚地知道"每满 100 元减 50 元"和"满 100 元减 50 元"的区别；再通过学生的计算，解决这个问题；问题解决后，再一次让学生思考"每满 100 元减 50 元"和五折是不是一样的，同时提出"什么情况下每满 100 元减 50 元就是五折呢？"通过不断地追问，让学生更好地理解优惠政策的不同之处。首尾呼应，让学生一直不断地深化思考，最终达到本节课的目的。在本节课中，我通过不断去品读题目中的关键信息，让学生在阅读信息中，感悟不同优惠政策的区别，从而更好地分析和理解题意。最后设计三道不同的练习题目，帮助学生更好地构建起解题的模型。在第三题中加入了更多的元素，除了要考虑价格，还需要考虑每种饮料该如何进行搭配，学生可以用多种方案来解决这个实际问题。通过巩固练习，学生能够更加有效地思

教学模式的建构与实践 　 巧解数学问题——「三线五环」小学数学

考问题，提高应用意识和创新意识。

　　但在教学过程中还是出现了一些问题，比如当第一次对比"每满100减50元"和"满100元减50元"的区别时，没有给足学生时间。应该让学生根据自己不同的想法，试着用自己的方式在纸上表达出自己的想法，让更多的学生都能体验两者的不同。同样的，在让学生对比"每满100元减50元"和"五折"时，也出现了同样的问题。因此，在未来的教学中，我应该给足学生时间，让学生能更好地分析题意和理解题意。

注重转化联系，感知定性特征

——"不规则物体的体积"教学设计

南宁市民主路小学教育集团　罗燕婷　范晓琳

【教学内容】

人教版《数学六年级下册》（2022 年教育部审定）第三单元第 26 页例 7 "不规则物体的体积"。

【设计理念】

在《圆柱与圆锥》单元整合教学指导下，主题单元的整体设计通过课时教学来实现。传统的课时教学依据不同的标准划分为不同的课型，根据不同课型在单元整体教学中的地位和功能可以将课型分为种子课、生长课、拓展课等。《不规则物体的体积》作为拓展课，圆柱的表面积的推导都必须关联圆柱的底面和高，重点感知定性特征。

【教材分析】

例题：一个底面内直径是 8 厘米的瓶子里，水的高度是 7 厘米，把瓶盖拧紧，把瓶子倒置、放平，无水部分是圆柱形，高度是 18 厘米。这个瓶子的容积是多少？

教材呈现了一个装有小半瓶水的矿泉水瓶，下部是圆柱、上部是一个不规则立体图形，同时给出了瓶子平置时水的高度和倒置时无水的高度，要求瓶子的容积。

学生经历将不规则图形转化成圆柱，在教学中关联圆柱的底面和高，求出它们的体积，感受了发现过程中的"变"与"不变"，解释了解决问题的本质，有利于提高学生的分析问题与解决问题的能力。"回顾与反思"部分，对以前计算不规则图形体积的方法进行回顾，对转化的思想和方法适度抽象概括，加强实物与抽象的联系，丰富学生的认知结构。

【学情分析】

本节课是在学生已经掌握了圆柱的体积计算方法，以及用"排水法"解决不规则物体体积的基础上进行学习的，并且学生具备发现问题并对所发现的问题进行理性的思考的能力，对问题解决积累了一定的经验和方法。但学生在不规则物体容积的解决方法当中，对实物的圆柱各部分与抽象的圆柱各部分的关联还不清楚。所以本节课从学生熟悉的水瓶导入，引导学生发现问题、提出问题，运用转化的策略分析并解决问题，在探究的过程中理解和掌握转化的思想，体会转化的实质是"变中有不变"，为后面进一步学习解决问题积累方法。

【教学目标】

1.感知变形后实物与圆柱的体积各部分的关联，能灵活运用圆柱体积计算方法解决不规则图形的体积问题。

2.经历发现和提出问题、分析和解决问题的过程，提高解决问题的能力，体会转化等数学思想方法，发展空间观念。

3.体会数学知识与实际生活的联系，增强应用意识。

【教学重难点】

关联圆柱的特点、体积的计算，合理灵活地分析、解决不规则物体的体积的计算方法。

【教学具准备】

课件，瓶体是圆柱形的矿泉水瓶，瓶里装有适量清水。

【教学过程】

一、激活学生经验，引出问题

师：同学们，我们刚刚学习了圆柱的体积，是怎么计算的呢？

师：老师这里有一瓶水，你们观察，装水的瓶子是圆柱吗？是长方体吗？是正方体吗？对呀，它不是我们通常见到的如长方体、正方体、圆柱等规则图形，我们把这类图形叫不规则图形。你能算出瓶子里水的体积吗?

生(预设):可以,我把水倒进一个圆柱形的杯里,量出底面半径和水的高,就可以算出水的体积了。

师:在这个过程中,什么没变?什么变了?

师:水的形状发生什么变化?

师:把不规则图形变成规则的图形,这是一种转化的办法。今天,我们继续用这个方法来学习不规则物体的体积。

二、体验过程,探索瓶子容积的计算方法

(一)出示一个装有水的瓶子

师:这有一瓶水,被喝了一部分,你能提出一个关于体积的数学问题吗?先4人小组内说一说。

生(预设)1:求瓶中剩下的水的体积。

生(预设)2:喝了一部分的水,也就是求瓶子里空气部分的体积。

生(预设)3:求这个瓶子的容积。

师:这3个问题,你想先解决哪一个问题,为什么?怎么解决?

生(预设)1:求瓶中剩下的水的体积,这个最简单。

生(预设)2:我想这样解决,瓶子里剩下的水呈圆柱的形状,只要量出这个瓶子的底面直径和水的高,就能算出瓶中剩下的水的体积。

【设计意图:让学生基于自己的经验提出问题,激发学生解决问题的内在需求,培养学生的问题意识。】

(二)直面问题,寻求解决问题的方法

1.讨论,寻找问题难点

师:为什么求瓶中空气部分的体积不好解决呢?

生(预设):因为空气部分是一个不规则的图形,不能直接计算它的

体积。

师：那么，瓶子的容积为什么也不容易求？

生（预设）：瓶子的容积 = 水的体积 + 空气的体积，空气的体积不能直接计算，所以也没有办法求出瓶子的容积。

师：所以，要解决这两个问题最关键就是求空气部分的体积。

师：拿出准备好的瓶子，指一指空气部分的体积是指哪一部分？这部分是什么图形？想一想，有没有什么办法可以求出这部分的体积呢？小组讨论一下。

2. 学生汇报，教师适时引导

师：老师请了一个小组，大家听听他们的办法。

（生展示汇报）

师：他们的方法有什么相同的地方？

生（预设）：他们都是把不规则的图形转化成规则图形来计算体积的。

师：你们能说清楚是把哪部分不规则的图形转化成什么规则图形吗？

生（预设）：把这部分不规则的空气的体积转化成这个圆柱的体积。

生（预设）：转变前后形状变了，体积没变。

生（预设）：他们都是把瓶子倒过来了。

师：他们把瓶子倒过来的目的是什么？

生（预设）：把不规则的空气转化成规则的圆柱体。

（追问）

师：倒置前后，什么不变？什么变了？

生（预设）：体积不变，形状变了。

师：谁的体积没有变？

生（预设）：水的体积、空气的体积、瓶子的容积都没有改变。

师：谁的形状改变了？具体说一说？

生（预设）：水的形状由原来的圆柱体变成了一个不规则图形，空气的形状由不规则图形变成一个圆柱体。

师：你们的方法，就是通过倒置瓶子，把原来空气部分转化成一个圆柱体，求出圆柱的体积，就可以知道空气部分的体积。

师：（把水瓶躺着放）瓶子这样放，怎么求空气部分的体积？

生（预设）：把瓶子倒过来，求出这个圆柱的体积就是空气部分的体积。

师：所以不管瓶子怎么放，我们都想办法把不规则图形转化成规则图形来计算。在这个过程中，它们的形状虽然改变了，但体积是不变的。

（三）求瓶子的容积

师：现在我们知道怎么求空气部分的体积了，那瓶子的容积你会求了吗？拿出你的瓶子，同桌互相说一说。

师：谁来说说，你是怎么求瓶子的容积的？

生（预设）：我是把水的体积加空气部分的体积求出瓶子的容积的。

师：老师把大家的想法放到了课件上，大家一起来看看。

（课件演示转化的过程。）

课件出示

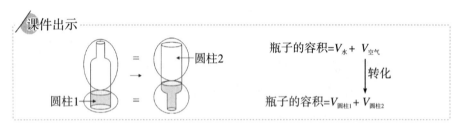

师：这是水的体积，这是空气部分的体积，瓶子的容积等于水的体积加上空气部分的体积；倒置后，哪部分是水的体积？哪部分是空气的体积？倒置前后的水和空气，体积是相等的。

师：把这部分水记做圆柱1，倒置后的这部分空气记做圆柱2。这时，瓶子的容积等于圆柱1的体积＋圆柱2的体积。也就是说，原来空气部分的体积就转化成求圆柱2的体积。

【设计意图：借助实物的倒置，学生观察发现倒置后，空气的体积由不规则部分转变为圆柱体，并通过辨析找到该圆柱的底面和高，培养学生解决问题的能力。当学生发现问题之后，引导学生解决问题，让问题的解决成为学生的内在需求，在实践操作过程中，通过转化、观察、对比，发现瓶子倒置前后两部分之间的内在联系，顺利解决难点问题。】

三、自主探究，解决实际问题

（一）课件出示教科书第 26 页例 7

课件出示

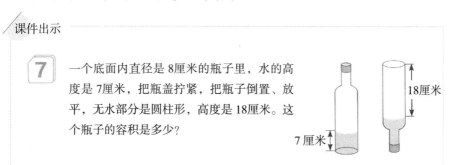

7 一个底面内直径是 8 厘米的瓶子里，水的高度是 7 厘米，把瓶盖拧紧，把瓶子倒置、放平，无水部分是圆柱形，高度是 18 厘米。这个瓶子的容积是多少？

师：现在老师把瓶子的数据告诉大家，请你说一说如何解决。拿出草稿纸，列出式子，不用进行计算，看谁能想到的方法多。

师：老师选了两个同学的作业，听听他们的思路

预设 1：$3.14 \times (8 \div 2)^2 \times 7 + 3.14 \times (8 \div 2)^2 \times 18$

师：他的方法是把瓶子的容积转化成求 2 个圆柱的体积。

预设 2：$3.14 \times (8 \div 2)^2 \times (7 + 18)$

师：他是把水的体积和空气的体积拼成一个高是 25 厘米的圆柱来进行计算的。

（二）回顾与反思

师：说到这，这解题的学习就暂告一个段落了，回顾这节课的探究过程，我们利用了体积不变的特性，把不规则的图形转化成规则图形来计算体积。这个方法，其实在五年级计算土豆的体积也有学习。

师：转化的数学思想，不仅丰富了我们解决问题时的思考方向，也是一种很好的解决问题的策略，就让我们带着这样的方法去解决一些问题吧。

【设计意图：借助例题给出圆柱的底面直径和高，将实践操作的发现应用到解决实际问题当中，进一步体会转化的方法在解决实际问题中的应用。用不同的方法来解决问题，体现了思维的多样性。】

四、课堂小结

师：今天的数学课，你们有哪些收获呢？

【板书设计】

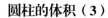

圆柱的体积（3）

瓶子的容积=$V_水$ + $V_{空气}$

↓转化

瓶子的容积=$V_{圆柱1}$ + $V_{圆柱2}$

附　录

附录一：人教版小学数学解决问题教材编排特点

教材（2022 年教育部审定）共编排解决问题 例题 79 个，各册分布情况如下表：

册数	一年级		二年级		三年级		四年级		五年级		六年级	
	上册	下册	上册	下册	上册	下册	上册	下册	上册	下册	上册	下册
例题数	7	8	10	7	11	7	1	2	5	7	9	5

一、解决问题例题的编排与各领域内容紧密结合

教材中的解决问题，主要分为两类：一类是相关知识的及时应用，另一类是典型问题解答策略的学习，在强调及时巩固应用知识的同时，突出了解决问题自身的教学目标。这些内容都不再编排独立的学习单元，而是把它与数学各领域课程内容紧密结合。其中与"数与代数"领域结合的有64 个，占 81.01%；与"图形与几何"领域结合的有 15 个，占 18.99%。由此可见，解决问题例题主要分布在"数与代数"领域。

（一）数与代数中的解决问题

应用计算知识：如一年级下册学习了 20 以内退位减法后编排的用减法解决"求一个数比另一个数多几（少几）"的问题。

应用数的概念（特点），如五年级下册利用公因数、最大公因数、公倍数、最小公倍数解决问题。"小亮家储藏室的长方形地面长 16 分米，宽 12 分米。如果用边长是整分米数的正方形地砖将储藏室的地面铺满（使用的地砖必须都是整块的），可以选择边长是几分米的地砖？边长最大是几分米？"

应用计量单位：如二年级上册认识了米和厘米，编排"一根旗杆的高度是 13 厘米还是 13 米？"的问题，培养学生对长度单位进行实际运用的能力。二年级上册认识了几时几分和几时半，编排的解决问题，让学生学会合理地推测事件发生的可能时间，培养学生的观察、分析与推理能力。

（二）图形与几何中的解决问题

三年级上册，学习了长方形、正方形的周长，编排这样的例题："用 16 张边长是 1 分米的正方形拼长方形和正方形。怎样拼才能使拼成的图形周长最短？"旨在帮助学生巩固长方形、正方形的特征及周长计算方法。四年级下册学习了"三角形的内角和"，编排"四边形的内角和是多少度？"的问题，运用探索三角形内角和的经验探索四边形内角和。六年级上册学习了圆的面积后，让学生解决圆的内接正方形、外切正方形与圆之间部分的面积这一实际问题，经历解决问题的全过程。

这种编排方式，充分体现各部分课程内容知识的学习价值，有助于学生在掌握知识的基础上能够灵活地加以运用，有利于落实"四能"的培养。

二、内容选择与问题设计贴近现实，呈现方式多样

教材中的解决问题，强调改变问题的呈现方式，以图画、对话、图表和文字等多种形式，呈现贴近学生生活的实际问题，力求通过生活化的问题情境促进学生发现和提出问题能力的形成。

三、解决问题的内容具有探索性和开放性

这样的编排特点突出了解决问题是一种将学到的知识应用到新的问题情境中去、积极探索获得解决的活动过程，有利于学生"四能"的培养。在新课学习和一些练习题中，都呈现了很多图文并茂的信息，明确要求学生寻找有关信息"提出其他数学问题并解答"。

四、将解题策略的培养摆在重要位置

教材将解题策略的培养摆在重要的位置。例如，估算的策略可以应用于很多情境，画直观图、画线段图、列表更是应用广泛，假设、转化也是十分重要的策略等。这些策略可以灵活运用到许多问题情境中，是学生解

决问题能力提高的重要途径。

五、明确提供了解决问题 的思考程序

在 解决问题内容的编写中，有意识地把解决问题的一般思考程序作了明确标注，即三个基本步骤，以促使学生对解决问题的过程有清晰的感知，从而积累起解决问题的基本活动经验。

阅读与理解（其中一、二年级为"知道了什么？"），这是引导学生解读信息的环节，即理解现实的问题情境，发现要解决的数学问题，起到弄清题意，厘清信息和问题的作用。

分析与解答（其中一、二年级为"怎样解答？"），重在引导学生获得分析问题和解决问题的一般方法。由于问题具有一定的开放性，学生可以有不同的解答方法，这能有效促使学生形成解决问题的策略，体验解决策略的多样性。

回顾与反思（其中一、二年级为"解答正确吗？"），使学生掌握检验的方法，初步形成评价和反思意识。它不仅仅要求学生去检验结果的正确与否，更重要的意义在于引导学生从学习解决问题开始就经历完整的解决问题过程，关注方法的获得与数学活动经验的积累。

附录二：小学数学解决问题"三线五环"教学设计（范例）

小学数学解决问题"三线五环"教学设计（范例1）			
册数页码	三年级上册第52页	所属单元	5.倍的认识
所属领域及主题	数与代数——数与运算		
考察内容	解决"求一个数的几倍是多少"的问题 例题：跳棋的价钱是8元，象棋的价钱是跳棋的4倍。象棋的价钱是多少元？		
解题策略	画线段图（不要求学生用尺子画出精确的线段图）		
反思检验方法	学生主动思考解答结果是否正确		
内容分析	画图方法的指导：明确可以用线段图的长度来表示数量，而且要表示出两种数量之间的倍数关系。先指导学生画一条线段表示军旗价格，再根据"象棋的价格是军旗的4倍"，连续画出4段大约与第一条线段同样长的来表示象棋的价格。线段图需要用线段的长来表示具体的数量，而且图中线段的长短关系要符合题目中的数量关系。如果要准确地画出线段图，就需要计算出相应的线段长度。教学中不要求学生用尺子画出精确的线段图，只要能根据数量关系画出草图就可以了。借助线段图帮助学生直观理解题目中的数量关系，明确求一个数的几倍，就是求几个几是多少，在此基础上，启发学生用乘法的含义，理解求一个数的几倍是多少用乘法计算的道理。		
教学建议	1.情境创设，激活经验。 　　呈现学生常见的生活问题情境，提炼数学信息，找到与问题之间的联系，引导学生分析解答。 　　2.注重方法的指导与交流。 　　明确用线段的长度表示数量，而且要表示出两种数量关系之间的倍数关系，学生直观地看到其中的数量关系，理解用乘法计算的道理。 　　3.注重审题能力的训练。 　　在教学中，我们都会关注审题能力的培养。本课教学中，要注意帮助学生理解题意，以便学生正确分析解答。 　　4.关注评价，促进学生对问题的分析理解。 　　本课的评价，要关注学生是否主动参与交流，是否积极分享解决问题的方法与策略，对他人分享的策略是否理解。 　　5.在作业设计上，要关注梯度。 　　在学生掌握了基础知识的基础上，适当设计一些思维难度稍大的题目，不断增强学生解决问题的能力。		

小学数学解决问题"三线五环"教学设计（范例1）			
教学环节			
环节	教师组织	学生活动	教学评价
创设情境	1.利用多媒体课件播放学校课外活动的视频。 师：同学们，我们在美丽的校园里，不仅可以和老师、同学们一起学习知识，还能参加丰富多彩的课外活动，瞧！ （1）说一说：在情境中唤醒几个几与乘法的关系。 师：这些丰富的文体活动里，也有很多数学知识呢！看到这幅图，你能想到什么数学问题？怎么解决？ 追问：为什么用乘法？ （2）画一画：在情境中唤醒画图意识。 师：舞蹈社团要排练队形，第一行站2个小朋友，第二行站的小朋友是第一行的3倍，你能把它画出来吗？请用铅笔在红色卡纸上画一画。 展示学生作品。 小结：在我们数学中表示小朋友不一定要画小朋友，还可以用简单的图形或符号来表示。 2.出示问题情境。 师：学校为了让课外活动更加丰富，继续增加棋类社团。瞧！李老师正在去采购跳棋和象棋呢！ 跳棋的价钱是8元，象棋的价钱是跳棋的4倍。	1.观看视频。 （1）举手发言。 预设：参加4人花样跳绳的有多少人？用 $3 \times 5=15$ 预设：就是求5个3是多少，用乘法计算。 （2）独立画图，台前展示。 预设：我用□来表示小朋友。把第一行的2人看作1份，第二行是它的3倍，就画这样的3份。 2.观察并阅读问题情境。	1.能根据已有经验解决5个3是多少的问题，唤醒"求几个几用乘法计算"的旧知。 2.能用简单图形表示数学上的实物，能体会数学画图的简洁性。 3.能画出有关倍数的示意图。 4.能大胆创新，主动交流，愿意台前展示。 5.能理解他人的作图作品。

小学数学解决问题"三线五环"教学设计（范例1）

教学环节

环节	教师组织	学生活动	教学评价
问题驱动	1. 收集信息，提出问题。 设问：从题中你获得了哪些数学信息？又能提出什么数学问题？ 小结：你提的这个问题跟他提的问题有没有关联？要解决他的这个问题，就得先解决你的问题。 课件画出问题：象棋的价钱是多少元？ 2. 板书课题：解决问题。 3. 组织学生完整读题。	1. 举手发言。 预设1：跳棋的价钱是8元，象棋的价钱是跳棋的4倍，象棋的价钱是多少元？ 预设2：跳棋和象棋一共多少元？ 2. 齐读问题情境。	1. 能一边阅读一边收集并整理出完整的数学信息。 2. 能根据已知条件提出用倍解决的数学问题。
分析解决	1. 语言表征，尝试解答。 设问：你们打算怎么解决这个问题？ 板书算式：8×4=32（元） 追问：这样做对不对，有没有道理？ 根据学生的回答板书：8的4倍是多少——4个8是多少 小结：哦！原来你是找到了题目中的关键信息，把新问题转变成旧知识，从而解决了新问题，真不错！ 2. 画图表征，帮助理解。 师：大家觉得可以用乘法计算，老师有个建议，可以通过画图的方式来分析它们之间的关系，帮助我们理解。 （1）组织学生在课堂挑战卡上画一画。 **课堂挑战术** 跳棋的价钱是8元，象棋的价钱是跳棋的4位。象棋价钱是多少元？ （先画一画，表示出题目的信息和问题，再列式解答。）	1. 举手发言。 预设：8×4=32（元） 预设：8的4倍就是4个8，用乘法计算 2. 认真倾听。 （1）独自尝试画图并同桌交流。	1. 能找到解决问题的关键信息，即象棋的价格是跳棋的4倍。 2. 能将新问题转化成旧知识来解决问题。 3. 能根据题意画出数量关系图。 4. 能主动参与交流，积极分享画图方法。

续表

	小学数学解决问题"三线五环"教学设计（范例1）		
	教学环节		
环节	教师组织	学生活动	教学评价
分析解决	（2）有序反馈。 ①展示学生作品：示意图 设问：谁能看得懂他的作品？ 追问：你的图是能清楚地表示题目的意思，那怎么能说明8×4是有道理的呢？你能上来指一指吗？ 小结：哦！从图中我们可以看出象棋的价格就是求4个8是多少，你的图能说明8×4是有道理的。 师：这样画图很好，我们数学就要简洁美。8元用8个○来表示，还有没有更简洁一些的呢？ ②展示学生作品：色条图 设问：谁能看得懂他的作品？ 追问：对于他的图，还有什么需要改进的地方吗？ 小结：用一个○就能表示跳棋的价格8元，象棋的价钱是跳棋的4倍，就画这样的4份。 追问：除了可以用一个○表示8元，其他图形可以吗？ 师：以前我们是有过这个经验的，我们可以用一个色条来表示8元，（课件演示）象棋是跳棋的4倍该怎么表示？ 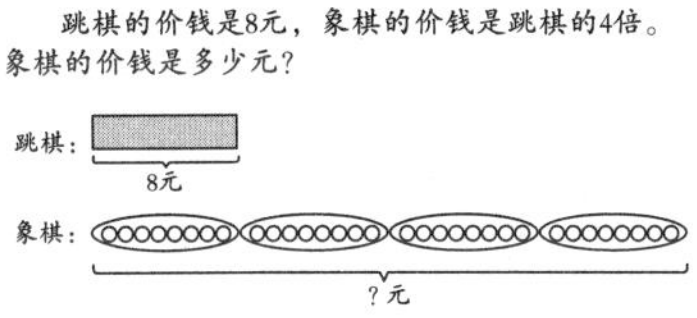 跳棋的价钱是8元，象棋的价钱是跳棋的4倍。象棋的价钱是多少元？ 跳棋：▭ 　　　8元 象棋：○○○○○○○○○○○○○○○○○○○○○○○○○○○○○○○○ 　　　　　　？元	（2）有序反馈。 ①举手发言 预设：先画8个○表示跳棋的价格，再画这样的4份表示象棋的价格是跳棋的4倍。 上台一边指一边说。 预设：象棋的价格就是4个8，可以用4个8相加，也可以用8×4来解决。 ②举手发言 预设：用一个大圆圈表示8元，用4个大圆表示8的4倍。 预设：建议他在每一行前写上是谁的价钱，并且加上问题。 预设：一个三角形、一个长方形等图形都能表示8元。 预设：画4条跟上面一样的色条。 集体数数。	5. 在示意图中，能通过图示结合理解算式的算理。 6. 能理解8元可以用8个图形表示，也可以用1个图形表示。 7. 能直观感悟示意图和色条图的异同，能体会用色条图表示数量关系的简洁性。

续表

小学数学解决问题"三线五环"教学设计（范例1）

教学环节

环节	教师组织	学生活动	教学评价
分析解决	课件动态演示，引导学生数倍数。 跳棋的价钱是8元，象棋的价钱是跳棋的4倍。象棋的价钱是多少元？ 跳棋 ▭ 8元 象棋 ▭▭▭▭ ?元 追问：8元可以用8个圆圈来表示，也可以用一个色条来表示，你们觉得怎么样？ ③动态演变线段图 　师：想一想，能不能再简单些？ 　追问：你认识线段吗？ 　师：我们一起来看看，色条是怎么变成线段的。越来越细，就变成了线段。 　　播放课件 跳棋的价钱是8元，象棋的价钱是跳棋的4倍。象棋的价钱是多少元？ 跳棋 ▭ 8元 象棋 ▭▭▭▭ ?元 跳棋的价钱是8元，象棋的价钱是跳棋的4倍。象棋的价钱是多少元？ 跳棋 ├─┤ 8元 象棋 ├─┼─┼─┼─┤ ?元 　小结：我们把色条画细一些，再细一些，就得到了线段。用几条线段表示题中的数量关系的图形就叫线段图。 　板书：线段图 　组织学生齐读：线段图。 3.指导用线段表示数量关系。 （1）教师示范线段图的完整画法。	预设：简洁多了。 ③举手发言 预设：把色条画细一些；直接用一条线段来表示。 认真观看课件的动态演示过程。 齐读3遍：线段图。 （1）集体回答。 预设：越来越简单、简洁了。 举手发言 预设：因为象棋跟跳棋比，所以先画跳棋的价格。 预设：用一条线段表示。	8.能直观体会示意图→色条图→线段图的演变过程，感悟到数学的简洁美。 9.能体会到抽象的线段图和抽象的示意图本质上的一致性。 10.在教师引导下，能主动构建画线段图的方式方法。 11.能够理解画线段图时先画标准量，再画比较量。 12.能够理解用线段图表示倍数关系时要每段同样长。

巧解数学问题——「三线五环」小学数学教学模式的建构与实践

218

续表

<table>
<tr><td colspan="4" align="center">小学数学解决问题"三线五环"教学设计（范例1）</td></tr>
<tr><td colspan="4" align="center">教学环节</td></tr>
<tr><td>环节</td><td>教师组织</td><td>学生活动</td><td>教学评价</td></tr>
<tr>
<td rowspan="1">分析解决</td>
<td>
师：8元用8个□，到用一个色条，再到用一条线段来表示，你感觉怎么样？那大家想不想也来画一个线段图。
设问1：我们先画什么？
追问：先写"跳棋"，跳棋的价格是8元该怎么表示？
根据学生的回答板书。
追问：这一条线段表示几元？
补充：可以用一个大括号来表示8元。
设问2：接下来画什么？
追问：象棋的价格是跳棋的4倍，该怎么画？
追问：为什么要一样长呢？
补充：为了方便比较，我们画的时候左端对齐开始画。
师：老师一边画，你们一边数。
设问3：4倍就画这样连续的4段。这一大段表示什么意思？
补充：这正是我们要解决的问题，可以用一个大括号加问号表示。
设问4：线段图是怎么画出来的？
小结：跳棋的价钱画一条线段表示，象棋的价钱是跳棋的4倍，就从左边开始画出同样长的4段，最后用大括号表示要解决的问题。
（2）学生尝试画线段图。
师：你想不想也来画一个线段图？想想先画什么，再画什么，需要注意些什么？
</td>
<td>
预设：8元。

预设：象棋的价格。
预设：画4条和上面一样长的线段。

预设：因为每一段都表示8元，所以和跳棋的8元同样长。
集体数数。
预设：表示象棋的价格。

小组内交流、分享。
</td>
<td>
13.能够自主画出线段图。
14.能理解线段图中每部分表示的意思。
15.能够理解图形表征和算式表征的统一。
16.能够在线段图中直观看到数量关系，加深对算式的理解。
17.能主动参与交流，积极分享解决问题的方法与策略。
18.能理解他人分享的策略。
</td>
</tr>
</table>

	小学数学解决问题"三线五环"教学设计（范例1）		
	教学环节		
环节	教师组织	学生活动	教学评价
分析解决	（3）图文式相结合，加深理解。 设问：你能在线段图中看到题目中的信息和问题吗？它们在哪儿？谁能指一指、说一说？ 设问：你能在线段图中看到算式中的8和4吗？它们在哪里，表示什么意思？ 追问：从图中我们可以看出，要解决象棋的价格，其实就是解决什么问题？ 小结：线段图能清晰、简洁地表示题目的信息和问题，又能帮助我们知道8×4是对的。小线段，大用处，是解决问题的好帮手！ 板书：好帮手	（2）自主画图，同桌交流分享。 （3）举手发言，台前一边指一边说。	
反思总结	1. 检验反思。 设问：可以写"答"了吗？ 追问：你想怎样检验？ 追问：32和8表示什么意思？为什么可以这样检验？ 组织学生在课堂挑战卡上进行验算。 根据学生的回答板书：象棋的价格是32元。 2. 回顾思路。 设问：回想解决这个问题的整个过程，我们做了哪些事？ 根据学生的回答板书：阅读与理解，分析与解答，回顾与反思。 小结：这就是我们解决问题的三个重要步骤。	1. 举手发言。 预设：用除法检验，32÷8，看是否等于4。 预设：32表示象棋的价格，8表示跳棋的价格。用象棋的价格和跳棋的价格比一比，看是否等于题目中的4倍关系。 2. 举手发言。 预设：先读题审题，找到已知条件和要解决的问题，然后用画图的方式分析怎么解决问题，发现求8的4倍是多少？其实就是求4个8是多少。用乘法解决，最后检查结果对不对。	1. 理解逆推法，会用逆推法进行检验。 2. 能回顾、总结出解决问题的三个重要步骤。

<table>
<tr><td colspan="4" align="center">小学数学解决问题"三线五环"教学设计（范例1）</td></tr>
<tr><td colspan="4" align="center">教学环节</td></tr>
<tr><td>环节</td><td>教师组织</td><td>学生活动</td><td>教学评价</td></tr>
<tr><td rowspan="2">应用拓展</td><td>

1. 借助线段图建立模型。

⑤ 根据图意列式。

（1）

□○□＝□（　）

追问：为什么用乘法？

设问：解决象棋的价格和解决七星瓢虫的只数，有什么相同地方？

追问：为什么都用乘法？

小结：求 8 的 4 倍是多少用乘法，求 7 的 3 倍是多少用乘法，所以求一个数的几倍是多少，用乘法。

2. 认识线段图的多样性。

师：学校的棋类社团只有象棋和跳棋，还不够，瞧，学校又去采购了。我们一起来读一读。

①选一选，下面哪幅线段图能表示题目的意思

学校买了6盒飞行棋，买的围棋的盒数是飞行棋的5倍。学校买了多少盒围棋？

追问：剩下的两幅不太一样哦，为什么都能表示题目意思？它们有什么不同和相同的地方？

师小结：这就是线段图的神奇之处，画1倍量时可长可短，几倍量就是根据数量关系来画的，5倍就画这样的5段。

</td><td>

1. 独立完成，举手发言。

预设：蜗牛有7只，七星瓢虫是蜗牛的3倍，用 $7×3=21$（只）。

预设：求 7 的 3 倍是多少，其实就是 3 个 7 是多少，用乘法来解决。

预设：都用乘法。

</td><td>

1. 能够理解线段图所表示的意思。

2. 能够感悟求一个数的几倍是多少用乘法解决的数学模型。

</td></tr>
<tr><td></td><td>

预设：它们都是解决几的几倍是多少，其实就是解决几个几的问题，所以用乘法。

</td><td>

3. 能够识别出正确的线段图，精准找出错误线段图的错误点。

</td></tr>
</table>

续表

教学环节

环节	教师组织	学生活动	教学评价
应用拓展	②列示解答 师：请你根据线段图求出围棋的价格。 根据学生的回答板书： 5×6=30（盒） 设问：怎么检查？	2.认真观察。 ①举手发言 预设：第③幅图不能表示题目的意思，因为表示围棋的线段每段不一样长。围棋是飞行棋的5倍，每一段都表示6盒，应该一样长；第②幅图也不对，因为题目中说的是5倍，应该要画5段，而题目中只画了4段。 预设：两幅图都能表示围棋是飞行棋的5倍，它们只是长度不一样。 ②独立列式解答，举手发言 预设：飞行棋有6盒，围棋是飞行棋的5倍，就有5个6盒，用乘法计算。 预设1：用30除以5，看每一份是否等于6盒。 预设2：用30除以6，看是否为5倍关系。	4.能够理解1倍量与几倍量，几倍量与1倍量之间的变与不变，感受1倍量的重要性。 5.能根据线段图理解数量关系，正确列式解答并验算。

小学数学解决问题"三线五环"教学设计（范例2）

册数页码	三年级下册第 48 页	所属单元	4.两位数乘两位数
所属领域及主题	数与代数——数与运算		
考察内容	用除法两步计算解决实际问题 例题：三年级女生进行集体舞表演。老师将参加表演的 60 人平均分成 2 队，每队再平均分成 3 组。每组有多少人？		
解题策略	通过不同解题顺序分步计算后给出综合算式		
反思检验方法	将结果作为已知条件带回原情境，反思解题过程，体会解题策略的多样性		
内容分析	本例题是用除法两步计算解决实际问题，与 P47 例 3 的编排思路大体相同，不同的是 P48 的例 4 没有给出综合算式，需要学生自己列出，体现了更高的教学要求。 　　在分析与解答环节，呈现了两种不同的解题策略，第一种方法的思路比较容易理解，用 60÷2 先求出每队有多少人，再用每队的人数除以 3 就可以得到每组的人数。第二种方法是用乘除两步计算来解决，列出的综合算式需要用到小括号，在教学中教师要引导学生合理使用小括号，以帮助学生正确列出综合算式。在回顾与反思环节，不仅给出了进行检验的方法，即"将结果作为已知条件，带回原情境，检验由此推出的结果是否符合题目中原有的条件"，而且给出了学生对问题解决过程的反思，也体现了解决问题策略的多样性。		
教学建议	1.情境创设，探究解题思路。 　　结合问题情境，让学生完整说一说数学信息和要解决的问题，理解题目中的分法是先分队再分组，从而探索解决问题的方法。 　　2.体会解决问题策略的多样化。 　　大胆放手，让学生自主探索解决问题的方法，注意调动学生的学习经验和生活经验，可采用独立尝试、讨论等方式。 　　3.注重发展学生的创新意识。 　　学生通过画图、分析、思考，寻找一种或两种解决问题的方法，并与同学进行交流，在不断探索与创造的气氛中发展创新意识。 　　4.注重评价，促进学生对题策略多样化的感悟。 　　这是第一次出现让学生自己列出综合算式解题的情况。学生在使用第二种方法列式时要学会合理使用括号，在进行反馈时要注重评价学生列的算式是否正确，是否使用了括号。 　　5.在作业设计上，要关注变式。 　　作业的问题情境可多样化呈现，可文字、图文结合、全部信息明示、部分信息呈现、部分蕴含图中等，让学生主动阅读、选择、处理信息，逐步提高解决问题的能力。		

<table>
<tr><td colspan="4" align="center">小学数学解决问题"三线五环"教学设计（范例2）</td></tr>
<tr><td colspan="4" align="center">教学流程</td></tr>
<tr><td>环节</td><td>教师组织</td><td>学生活动</td><td>教学评价</td></tr>
<tr>
<td>情境
创设</td>
<td>1. 课件播放"广西三月三"活动视频。
师：同学们，最近咱们广西可热闹了！瞧！各地人民载歌载舞共庆节日。
2. 出示三年级要进行集体舞表演的情境。

三年级女生进行集体舞表演。老师将参加表演的60人平均分成2队，每队再平均分成3组。

师：三年级的女生要进行集体舞表演，我们一起读一读。</td>
<td>1. 观看视频。

2. 阅读问题情境。</td>
<td>能在教师创设的情境中，感受中华优秀传统文化，增强民族自豪感。
能基于现实情境，体会生活中有平均分再平均分的情况。</td>
</tr>
<tr>
<td>问题
驱动</td>
<td>1. 收集、整理信息。
设问：从中获得哪些数学信息？
根据学生回答并提炼板书：60人—平均分—再平均分
2. 提出数学问题。
设问：能提什么数学问题？
板书：每组多少人？
3. 组织学生完整读题。</td>
<td>1. 举手发言。
预设：老师将参加表演的60人平均分成2对，每队再平均分成3组。
2. 举手发言。
预设1：一共有多少组？
预设2：每队有多少人？
预设3：每组有多少人？
3. 集体读题。</td>
<td>能一边阅读一边收集并整理出完整的数学信息。
能根据已知条件提出两步计算的数学问题。</td>
</tr>
</table>

续表

<table>
<tr><td colspan="4" align="center">小学数学解决问题"三线五环"教学设计（范例2）</td></tr>
<tr><td colspan="4" align="center">教学流程</td></tr>
<tr><td>环节</td><td>教师组织</td><td>学生活动</td><td>教学评价</td></tr>
<tr>
<td rowspan="2">分析
解决</td>
<td>

1. 画图理解，自主探究。

设问：信息中的60人，你打算怎么表示？

师：可以用一条线段、一个长方形等表示60人，那平均分、再平均分时，问题该怎么表示？请拿出学习单试一试，先画一画，再算一算。

三年级女生进行集体舞表演。老师将参加表演的60人平均分成2队，每队再平均分成3组。每组有多少人？

（先画一画，表示出题目的信息和问题，再列式解答）

画一画
60
60
......

算一算

2. 深度交流，构建模型。

方法一：连除

（1）图→示，理解原理。

利用多媒体展台展示学生作品。

师：请结合图解释算式的意思。

（2）提升认知，构建模型。

设问：他是怎么运用这些条件解决问题的？

根据学生的回答板书：

共60人　平均分成2队

每队有多少人？　每队平均分成3组

每组有多少人？

（3）式→图，深化认知。

设问："平均每队多少人"是图中的哪部分？

请学生上台边指边说。

</td>
<td>

1. 举手回答后独自画图、解答。

预设1：可以用一个圆表示60人。

预设2：可以用一条线段表示60人。

预设3：可以用一个长方形表示60人。

预设4：可以用60个□来表示60人。

2. 方法一：

（1）上台展示、汇报。

预设：先算每队有多少人，再算每组有多少人。

（2）上台操作、回答。

预设：先用"共60人"除以"平均分成2队"，算出"每队有多少人"，再用每队的人数除以"每队平均分成3组"，算出"每组有多少人"。

（3）上台指一指、数一数、说一说。

</td>
<td>

能用简洁的图形表示60人。

能根据题意绘制出简单的示意图。

能根据示意图理解平均分、再平均分的过程。

会用连除的方法或者先乘后除的方法正确计算出每组有多少人。

能大胆创新，主动交流，愿意在台前展示并自信表达自己的思路，表述清晰。

能结合示意图说清楚先解决和再解决的问题。

能认真倾听他人的分享，并反思方法的可行性。

</td>
</tr>
</table>

续表

教学流程

环节	教师组织	学生活动	教学评价
分析解决	（4）列综合算式。 设问：先算什么？再算什么？ 方法二：先乘后除 （1）图示结合，理解原理。 设问：谁能看懂他的意思？请结合图说一说。 追问：你能在图中找到这6组吗？数一数。 追问：用哪个算式表示？ 追问：3和2表示什么意思？ （2）提升认知，构建模型。 设问：要解决每组有多少人，为什么要先解决一共有多少组？ 追问：可是题目中没有告诉我们一共有多少组，该怎么办？ 追问：如何解决一共有多少组？ 根据学生的回答板书： （3）列综合算式。 设问：为什么要添加小括号？目的是什么？	（4）举手发言。 预设：先算每队有多少人，再算每组有多少人。 方法二： （1）举手发言、上台操作。 预设：先算一共有多少组，再算每组多少人。 举手发言、上台操作。 预设：3×2=6 预设：3表示每队有3组，2表示有这样的2队。 （2）举手发言。 预设：总数÷份数＝每份数。 预设：先解决一共有多少组。 举手发言、上台操作。	能将示意图与算式有机结合，理解图和式的意思，感悟解决方法的本质。 能在具体的情境中感悟解决问题的两种方法：分析法和综合法。 能列出综合算式，理解综合算式的算理。

	小学数学解决问题"三线五环"教学设计（范例2）		
	教学流程		
环节	教师组织	学生活动	教学评价
分析解决	3. 小组交流，对比提升。 引导学生对两种方法不同之处进行小组交流。 引导学生交流两种方法相同之处。 追问：方法不同，算式不同，答案为什么相同？ 小结：本质一样，都表示平均分、再平均分，求一份是多少的意思。 根据学生的回答板书： 60人 ⟶ 平均分 ⟶ 再平均分 ⟶ 每组多少人？ 多 ━━━━━━ 连除 ━━━━━━ "1"	（3）举手发言。 预设：改变运算顺序，要先算一共有多少组。 3. 小组交流并代表发言。 预设：先解决的问题不同，思考的方式不同。 预设：都要先解决一个中间问题，最后的答案一样。	能在对比交流中归纳、总结出两种方法的异同，能够体会两种方法的一致性，自主构建解决此类问题的模型。
反思总结	1. 检验反思。 设问：如何检验答案是否正确？ 根据学生回答课件演示： 10 |___|___|___|___| ? 组织学生列式验算并写答语。 2. 回顾思路。 设问：回想解决这个问题，我们经历了哪些步骤？ 根据学生的回答回到板书：阅读与理解，分析与解答，回顾与反思。	1. 举手发言。 预设：将结果作为条件，带回题目，看推出来的结果是否符合题目中原有的条件。 独立列式检验并完整写答语。 2. 举手发言。	能说出验算的道理，表述清楚。 通过示意图理解逆推法，并能用逆推法进行检验。 能回顾、总结出解决问题的三个重要步骤。

\multicolumn{4}{c|}{小学数学解决问题"三线五环"教学设计（范例2）}
\multicolumn{4}{c|}{教学流程}
环节	教师组织	学生活动	教学评价
应用拓展	1. 选一选。 四年级有200名同学参加竹竿舞表演，平均分成4个大组，每个大组平均分成2个小组，每个小组有多少人？ 请选择正确的算式（　　） A. 200÷4÷2=25（人） B. 200÷4×2=100（人） C. 200÷（4×2）=25（人） D. 200÷2÷4=25（人） 师：D答案对不对呢，我们画图来分析分析。从图中可以看出，200÷2是没有意义。看来，画图是我们解决问题的好帮手！ 2. 组织学生打开课本第49页完成第6题。 ⑥　共有756本书。　有3个书架，每个书架有4层。 平均每个书架每层放多少本书？	1. 观看课件并举手发言。 　　组内交流D选项。 2. 打开课本独立完成练习题。 　　上台分享解题思路。	引导学生交流对比选项A和D的区别，通过线段图能理解选项D的不合理性，感悟画图策略的价值。 能根据情境图正确解答。

附录三：人教版小学数学解决问题例题解析（范例）

<table>
<tr><td colspan="4" align="center">人教版数学一年级上册解决问题例题解析</td></tr>
<tr><td>册数页码</td><td>一年级上册第 46 页</td><td>所属单元</td><td>5.6—10 的认识和加减法</td></tr>
<tr><td>所属领域
及主题</td><td colspan="3">数与代数——数与运算</td></tr>
<tr><td>考察内容</td><td colspan="3">6、7 的加法</td></tr>
<tr><td>解题策略</td><td colspan="3">数数，并运用大括号和问号解决加法问题</td></tr>
<tr><td>反思检验方法</td><td colspan="3">重新计数，反思为什么要用加法</td></tr>
<tr><td>内容分析</td><td colspan="3">　　教材中的情境图配以大括号和问号呈现一个简单的求和的数学问题。使学生初步明确：知道两个相关的信息和一个相关的问题，就能构成一个简单的数学问题。教材用有层次的三句话（左边有？只，右边有？只，求一共有几只），这三句话对学生用数学解决问题的过程给予指导，引导学生体会解决问题的步骤，学习解决问题的基本方法。在引入大括号时教师应放手让学生去猜想，再验证，使学生体会大括号表示把两个或几个物体合起来，再让学生说一说大括号的作用，突出大括号的作用，体会大括号的意义，同时在进行加法和减法的对比中注意练习对比。教材中用情境图的呈现方式有利于学生将所学的知识与生活实际相结合，使学生初步学习在生活中发现并提出数学问题、解决问题，逐步发展解决简单实际问题的能力。</td></tr>
<tr><td>教学建议</td><td colspan="3">　　1.情境创设，激发兴趣。
　　用情境图呈现数学问题，吸引学生观察情境图，学会读图，用语言描述并提炼相关信息。学生尝试根据图意提出数学问题，有顺序地、完整地叙述信息和问题，理解题意。
　　2.注重引导学生独立思考。
　　先让学生自主探索解决问题的方法，适时用小男孩的话启发学生思考，引导学生把信息和问题结合在一起，根据加减法的含义选择适当的方法，尝试列式解答。
　　3.注重教会学生学会反思解决问题的过程，深化理解加法的含义。
　　引导学生回顾解决问题的完整过程并思考：为什么用加法计算，计算是否正确。学生根据题目的信息和问题，发现解决问题的实际就是把两部分合在一起，根据加法的含义选择用加法解决问题。掌握解决问题的思路与方法，深化学生对加法含义的理解，养成回顾反思的习惯。</td></tr>
</table>

	人教版数学一年级上册解决问题例题解析
教学建议	4.关注评价，促进学生对问题的分析理解。 本课的评价，要关注学生是否学会观察和完整表述图意，是否学会分析问题和选择解决问题的方法，是否理解为什么用加法计算。 5.在作业设计上，要关注巩固基础，帮助学生建立用加法解决问题的模型。 设计情境不同的同类型题，让学生独立发现和提出问题、分析和解决问题。在不同的问题情境中自主选择恰当的方法解决问题，建立用加法解决问题的模型。

附录四："三线五环"教学实施评价表

授课 教师		授课 时间		授课 课题		
评价 项目	具体内容				赋分	得分
问题 情境 创设	①激发学生参与学习的积极性				15%	
	②关注不同学生的学习基础					
	③符合学生的生活及学习经验					
	④引发学生从情境中发现数学问题					
问题 设计	①问题指向教学目标				15%	
	②问题能引发学生思考					
	③问题设计逻辑性强，具有层次性					
教学 组织	①关注不同学习基础的学生，做到全员参与				20%	
	②组织和调控好课堂学习秩序，学生注意力集中					
	③探究学习、自主学习不流于形式					
	④组织学生有效提问，学生能发表自己的见解					
分析 解决	①引导学生运用已有的知识和方法对问题进行探索				15%	
	②引导学生通过画图、列表、操作、假设、转化、枚举等策略对问题进行分析解答					
	③引导学生把分析解决问题的过程说清楚					
反思 应用	①组织学生开展形式多样的交流、评价活动				15%	
	②对学生活动的评价中肯、恰当					
	③提供实践应用的机会					
教师 有效 指导	①教学目标、重点、难点把握准确，处理恰当				20%	
	②教学素材选择恰当、内容适当，体现五环节教学					
	③在学生困难处，做到适时帮助					
	④引发学生感受数学与生活及其他学科间的联系					

附录五：解决问题我最棒（学生评价表）

评价项目	具体内容	评价最高等级 ★★★★★			
		自评	小组评	师评	综合评价
情感态度	①乐于参与实践活动				
	②解决问题时，有克服困难的信心				
	③实事求是，尊重科学				
合作交流	①主动参与讨论				
	②认真倾听同学的观点和意见				
	③敢于提出与他人不同的见解				
	④敢于放弃和修正自己的错误观点				
学习技能	①能在情境或现实生活中提出数学问题				
	②会用画图、列表、操作、假设、转化、枚举等方法帮助自己解决问题				
	③能把自己解决问题的思路讲清楚，让别人听明白				
	④能通过"数学画、思维导图、小日记、说数学"等方式对知识与方法进行回顾与整理				
	⑤会把学到的知识和解决问题的方法运用到解决生活中的问题				
实践活动	①做好活动前工具、任务分配等准备				
	②数据真实，过程记录清楚				
	③活动中互帮互助				
	④资料整理有序规范				
成果展示	①能通过合作整理出实践成果				
	②能自信、大方展示，表达清晰完整				
	③能反思总结实践的收获				
	④能公平公正的给予其他小组评价				

后 记

当我站在人生这条漫长而又充满曲折的道路上，回首过往，心中充满了感慨与感激。记得 40 岁生日时，我给自己的第一本书《涓涓成流——我的专业成长思与行》写了后记，觉得那一定是我这辈子唯一写作出版的书，因为倾注的大量心血着实让我倍感艰辛，实属不易，曾预言不会再有第二次。可 5 年后的今天，我又给自己的第二本书写后记了。看来，人的想法是会随着时光流转而改变的，我的第二本书让我坚信"路虽远，行则将至；事虽难，做则必成"。《巧解数学问题——"三线五环"小学数学教学模式的建构与实践》是我与我的团队历经 10 年研究与实践，培育的一项教学成果，它真实反映了我们在该教学领域的探索与建树。书稿的完成，既是我们团队对小学数学解决问题教学历经 10 年的潜心研究总结，也是我给自己 45 岁生日的一份厚礼。

此书完稿之际，我要感谢的，首先是那些与我并肩作战的团队成员，是他们的智慧与汗水，共同铸就了这份丰硕的成果。我们一同探讨、修正，不断推动着研究的深入与完善，在这个过程中，我深刻体会到了团队合作的力量，也感受到了思维碰撞的火花。我也要感谢那些在我们研究道路上给予支持与帮助的领导和同行，是你们的悉心指导和无私帮助，让我们在迷茫中找到方向，在困境中找到出路，你们的教诲与鼓励，是我们前进的不竭动力。此外，我还要感谢我的家人，是你们的理解与包容，让我能够全身心地投入研究中，在我赶稿、焦虑不安的时候，是你们给予我温暖的怀抱和坚定的支持，你们的爱，是我心灵的港湾，也是我不断前行的力量源泉。

回顾这段研究历程，我深感其中的艰辛与不易，但正是这些挑战与困难，让我更加深刻地理解了研究的意义和价值。每一次的突破与创新，都凝聚着我们的智慧与汗水；每一个问题的解决与完善，都代表着我们的成长与进步。如今，我已踏上新征程，作为高校里小学教育专业的一名专任教师，我深感自己的责任与使命，我将继续感悟和践行教育的意义，在实践中培养更多优秀的学子。

同时，我也希望这份研究成果能够得到更多人的关注与认可，我期待着它能为小学数学教育的发展贡献一份力量，为更多教师提供有益的借鉴与参考。我相信，在大家的共同努力下，我们的教育事业一定能够迎来更加美好的明天。

在此，谨以此记作为对这段研究历程的总结与纪念，也作为对未来征程的期许与憧憬。愿我们携手共进，共创辉煌！

梁晓红

2023 年 10 月 8 日